朴 倧玄

韓国人を愛せますか?

JN262910

講談社+α新書

まえがき

1991年1月、釜山出身で田舎者の私は往復の航空券と数万円を持って、初めて飛行機に乗って韓国の国境を越えた。行き先は、釜山から45分で着く福岡。福岡に着いた私は、まず太宰府にあるユースホステルへ向かった。太宰府天満宮の境内を通り抜けようとしたところ、饅頭の売り場が目に入った。初めて見る日本の神社で、饅頭を食べた。この日に食べた太宰府の饅頭は日本という国で初めて口にしたものだった。その時は気にもしなかったが、後になって太宰府天満宮が学問の神様（菅原道真）を祀《まつ》っているという事実を知った。もしかしたら、その日、太宰府を訪ねたことがきっかけで、今の職についたのかもしれない。

福岡で何日かを過ごして、次に鹿児島へ向かった。駅に着いた私が安いホテルを探して街を歩いていたら、明らかに日本人に見えない私を、帰宅中の中学生たちがジロジロ見ていた。私が下手な英語と日本語で、「この辺で安い宿を探してくれないか？」と聞いたら、彼らはどこかへ連れて行ってくれた。そこは安いホテルではなく、彼らの通う中学校だった。

「え？　なんで？　もしかしたら、中学校の寮で安く泊まれるのかな？　なんて素晴らしい国なんだろう！」と思っていたら、大きなカン違いだった。

彼らは先生を呼び出して説明して、私たち二人を残して、笑いながら走って帰ってしまった。それが奥野先生だった。先生は困った顔をしたが、図々しい私は知らんぷりしていた。心の底では、地元の人だから、きっと一番安いホテルを早く探してくれるだろうと期待した。ところが先生は、「この辺だとあなたの予算に合うような安いホテルはない」と言った（というか、私の予算が安すぎたに違いない）。

暗くなっていたこともあってか、困った顔をしていた私を車に乗せて、先生はきれいな夜景が見える高台に案内してくれた。雪が降っていて、本当にきれいだった。その後、ラーメンを御馳走になった。食べ終わったら、先生は、緑の公衆電話でどこかに電話をかけた。なんと私を自宅に泊めてくれたのだ。今考えると信じられないが、奥さんも息子さんも歓迎してくれて、温《あたた》かい日本の家庭に初めてお邪魔する貴重な経験をした。私にとって、雪が降るきれいな鹿児島の一夜は、一生忘れられない貴重な財産となった。

帰国後、日本語の勉強をしながら、バイトしておカネを貯めた。そして、再び日本を訪ねた東京で私の人生を大きく変える出来事が起きた。

"Fall in love"

一人の日本人女性を好きになってしまったのだ。そのおかげで、日本語を猛烈に勉強するモチベーションもできた。残念ながら、その彼女とは結ばれなかったが、私は決心した。「日本へ行こう!」と。そして青春を捧げて勉強して、飲み歩きながら友達をつくり、今やこの地に住み着いてしまったのだ。

もし、最初に福岡へ来て太宰府の饅頭を食べていなかったら、鹿児島へ来て見知らぬ先生の家に泊めてもらわなかったら、そして日本人女性と恋に落ちていなかったら、私はきっと日本へ来ようとは思わなかっただろう。態度のでかい私の性格からすると、ラテン系の国へでも飛んで行ったかもしれない。

ところが、夢を持って東京へ来た私には、たくさんの試練が待ち受けていた。勉強のことではなく、文化の違いだった。旅行で短期間滞在するのではなく、長年住み続ける生活になると、いいことばかりではなかった。韓国人の私には理解できない日本人の態度や日本という社会がたくさん見えてきた。15年間住み続けてやっと、日本人と日本という社会を理解することができた。そのおかげで今は、いちおう日本人に合わせられるようにもなったし、日本人の前で演技もできるようになった。

一見すると、韓国人は日本人と似ている。韓国語の文法も日本語と似ていて、他の外国語よりも学びやすい。しかしこの二つの類似点が、時には韓国人と日本人が相容《い》れない原因にもなる。たとえば、誰かとトラブルになった時に、相手が欧米人ならば、外見も言葉も違う異文化が原因だからしようがないとあきらめもつくだろうが、外見も言葉も似ている韓国人の場合には、そうもいかない。結局、互いの文化を理解しないまま、感情を抑えられる日本人は黙って離れていくし、韓国人は日本人に裏切られたと激怒する。不幸なことに、信頼関係ができないうちに、韓国人と日本人との付き合いが終わってしまうのだ。

友達の結婚式でポルトガル出身のフランス人に出会った。ワインを飲みながら、「何年か前にバルセロナに行ったんですが、最高でしたよ。スペイン大好きですよ。スペインもポルトガルもイタリアもみんな好きですよ。今度、ポルトガルも行ってみたいですね」と言った途端、彼は「ポルトガルをスペインと一緒にしないでくれ！」と鬼のように怒り出して、私は何も言えなかった。最後に、「次回の飲み会はスペインで！」と笑いをとって、今やメールのやり取りをする友達となった。

ヨーロッパでは、「ポルトガルとスペイン」「スペインとフランス」「フランスとイタリア」など、近接する二つの国の国民に対して相手国をほめたり、一緒に扱ったりすると、強烈な反発が返ってくる。ある意味、近くに住んでいて仲が悪いのは自然の摂理かもしれない。その意味で言えば、韓国と日本が常にライバル意識を燃やすのも無理のないことかもしれない。

日本にとって近くて遠い韓国については、国民性から大衆文化までいろんなジャンルで取り上げられた。そこでは「だから韓国は悪いんだよ」「だから日本は悪いんだよ」という強い批判やケンカを売るような議論も少なくなかった。しかし「誰が悪いのか、白黒はっきりさせようじゃないか」という感情的な議論はもはや重要ではない。カップの中に半分ある水を見て、「何でこれだけしかないんだ」と怒る人もいれば、「まだ半分もあるじゃないか」とありがたがる人もいる。同じ内容や結果であっても、見る立場によって違う意見が出てくる。同じ血をひく兄弟や姉妹でも性格や価値観は違うし、同じ日本の中でも、東京の人と関西の人は違う。異なる言葉を使う韓国人が日本人と違うのは当然のことではなかろうか。

確かに言えるのは、「韓国人と日本人との関係は水と油の関係と同じ」ということだ。水と油は同じ液体ではあるが、性質は全く違う。同じように韓国人と日本人もお互いに理解しようと努力しない限り、永遠に一つにはなれない関係なのだ。付き合う過程で、受け入れられないものがあったり、迷惑をかけることがあったり、試練が待ち受けているかもしれないが、本当の友達になろうと思ったら、相手の性格や文化を理解しようという努力がまず必要なのだ。

時代は変わった。2002年に韓日で共催されたサッカーのワールドカップを通じて、対等な立場で互いを見つめ合い始めた韓国と日本。そしてワールドカップをきっかけに巻き起こった韓流ブーム。また、日本人を救うために線路に飛び込んで命を落とした一人の韓国人留学生の姿は、当時、日本の若者を代表するコギャルとは対照的に「正義感ある韓国人」の姿を見せつけ、日本人の間に感動を呼んだ。これら一連の出来事から、韓国と日本は地理的距離だけではなく、心理的距離もずいぶんと近くなった。

今後、日本人の中には韓国と関わりを持って生きていく人もいるだろうし、韓国と無縁で生きていく人もいるだろう。少なくとも、今まで韓国と関わりがあった人、そしてこれから関わりを持とうとする人がいるなら、一つだけ、アドバイスしてあげたい。それは、「韓国語を勉強する前に、まず韓国と韓国人の文化を理解してほしい」ということだ。それが、この本を執筆した大きな動機なのだ。

法政大学経済学部教授　朴《パク》　倧玄《チョンヒョン》

◉目次

第1章　一人にしないで

一人きりはイヤ

何年か前、日本の学生を引率して、ソウルにある高麗大学へ韓国語の研修に1ヵ月ほど行った時の話だ。

夕ご飯を食べに大学近くのチキン屋へ入ってサンゲタン（鶏の中にご飯と野菜を混ぜて、煮込んだ韓国伝統料理）とフライドチキンを頼んで、ビールを飲んでいた。しばらくしたら、周囲の妙な視線を感じた。「なんだろう」とゆっくりと周りを見渡したら、周りの人がこちらを注目していた。「服になにかついたのか？　それとも、顔になにかついたのか？」と壁の鏡で顔を見ても、なんにも変なことがなかったから、気にせず、ビールにフライドチキンを食べながら、次の日の日程を考えていた。

しかし、やはりまた、周りの視線を感じた。ようやく「なるほど、そうだったのか」とわかった。私が一人きりで飯を食べ、ビールまで飲んでいたからだ。店内には20テーブル以上あったが、ほぼ満席だった。しかも、お客のほとんどはカップルで来ているか、３～４人の友達か同僚連れだった。

韓国では特別なことがない限り、一人きりでご飯を食べることはない。仕事が終わったら同僚や友達と一緒に食べるし、ランチもだいたい誰かと連れだって食べる。韓国人にしてみれば、私が一人でご飯だけでなくお酒まで飲んでいたから、きっと「なんで一人なんだろう？」と不審に思ったはずだ。

骨董通りとして有名なソウル市内で友達と待ち合わせをした。約束より1時間ほど早く着いたために時間があまって、近くのスターバックスに入った。雑誌を読みながらコーヒーを飲んでいるうちに、妙な雰囲気に気づいた。店内に10組ほどお客が座っているが、一人で来ているのが私一人しかいないことだった。

韓国では、一服するために一人でコーヒーショップに入って、コーヒーを飲みながらメールをチェックしたり、本を読んだりはしない。もちろん韓国でも、待ち合わせのために一人で待つことはあるけれど、特別な理由がない限り、一人でコーヒーショップに入る人は少ない。

私が初めて日本に来た時、一人でご飯を食べて、一人でお酒を飲む日本人の姿がとてもさみしく見えた。「あの人たちは友達がいないのかな」とか、「誰かにふられたのかな」「イヤなことがあったのかな」と、マイナスイメージで彼らを見ていた。それまでの私の生活では特別なことがない限り、一人でご飯を食べたり、お酒を飲んだりすることがなかったからだ。吉野家に一人で初めて入ったのは、来日してから6年目だった。一人で入る勇気がなく、入れなかったのだ。今はだいぶ慣れて一人でご飯を食べられるようになったが、一人で食事を取ったり、お酒を飲んだりすることは、何より苦労したことだった。

韓国人は、なぜ一人でお酒を飲んだり、ご飯を食べたりしないのか？　逆に、日本人はなぜ一人でお酒を飲んだり、ご飯を食べたりできるのか？　友達がいるとか、いないとかの問題ではなさそうだ。

私には韓国人と日本人のビジネス習性が違うからだと思える。韓国の会社は日本と違って、仕事中も、ある程度のプライバシーは許されている。プライベートな電話をしたり、同僚と雑談をしたり、鼻歌を歌ったり、メールチェックしたりするぐらいは許されている。大学時代の後輩からいきなり電話がかかってきて「ご飯を御馳走してくださいよ」とせがまれたとしても、特別に忙しくなければ、喜んで会社の近くで会える。

しかし、日本の会社では、就業中は仕事にだけ没頭する。朝9時から夜7時まで、月曜日から金曜日までの5日間は極力プライバシーを排除して、緊張しながらビジネスをする。まるで、出兵する兵士のような気分で緊張しながら、お客に接する。だから、息抜きの時間が必要で、誰にもじゃまされたくない一人の時間をほしがり、コーヒータイムや夜でも一人で飲みたい気分になることがあるのだ。

同僚と一緒に海外出張に行く場合も、日本人は同僚と離れた席に座りたがる。一方、韓国人は同僚と隣同士に座って、いろんな話をしながら目的地まで行くことを望む。長い時間一人で座っていたら、つまらないと考えるからだ。仮に、日本人のように別々に座ったら、相手に嫌われているのではないかと気にする人が多いだろう。

日本の会社に就職した韓国人の友達が、同僚3人と海外出張に行く機会があった。出張当日、空港に着いて同僚を探していたら、他の同僚はすでにチェックイン済みだった。韓国人の友達が同僚と座席が離れていることを知り、隣同士になるように変えようとしたら、同僚が嫌がる雰囲気で、ちょっと焦ったという。日本人からすれば出張もビジネスの延長で、出張先で緊張するから、移動する時くらいは一人でリラックスしたいと思う人が多いようだが、韓国人はそうは思わない。出張先のホテルでも、男同士、女同士でツインルームに泊まるケースも少なくない。

一人ではご飯も、コーヒーも、お酒も飲めない韓国人、そして同僚とも離れた席に座りたがる日本人は、同じアジアの人だと思えない。来日以来ずいぶん時間がたったが、私は一人でご飯を食べる時は今でもなぜかさびしく感じる。いくら長く住んでも、私は日本人にはなれないようだ。

友達遊びが大好き

何年か前に、エンターテインメント会社のマネージャーと一緒にお酒を飲んだことがある。彼は、アメリカのＤＶＤ映画をアジア地域に配給する販売総責任者だったが、アジア市場のなかで韓国の販売実績がＧＮＰ（国民総生産）に比べてとても低かったと嘆いて、

「韓国人はなぜ、ＤＶＤ映画を購入しないんですか？」

と聞いてきた。私は、

「映画館で見ればいいのを、なんでＤＶＤまで購入する必要がありますか？　一回見た映画を、なんでＤＶＤで何度も見るんですか？」

と聞き返した。

韓国人はすでに見た映画やドラマをＤＶＤで購入することは少ないが、日本人はＤＶＤを買って集めることが少なくない。それは、「一人で遊ぶ時間が多い日本人」と「友達と遊ぶ時間が多い韓国人」の違いから来るものだ。韓国人は、日本人に比べれば友達と一緒に遊ぶ時間が多い。もともと一人で過ごすことを好む日本人は、一人でＤＶＤを見たりＣＤを聴い

たりするが、韓国人はそうはしないで友達との友情を育てていく。

韓国人はオンライン上で友人同士が一緒に入って楽しむ集団ゲームを好むが、日本人は一人でできるゲームで遊ぶ傾向が強い。ショッピングする時も同じだ。ソウル市内のデパートに行ってみればわかるが、一人で買い物に来ている韓国人は少ない。たまには一人でショッピングする人もいるけれども、基本的には友達や彼女、彼氏と一緒に買い物をする。

このように、一人で遊ぶことを好まないために、住む家も日本とは違う。日本ではいくら狭くても一人で暮らしたいと思う人が多いが、韓国では広い家を友達とシェアして暮らしたいと思う人が多い。経済的でもあるし、なにより精神的にもさびしくないからだ。18㎡の部屋に一人で暮らすよりは、50㎡に3人で暮らしたいというのが韓国人の考え方だ。

数年前、タイのバンコクにある名門ホテルのザ スコータイ バンコクに泊まった。プールサイドに韓国人女性グループ4人と、向かい側に日本人女性グループ3人が座って肌を焼いていた。

両方のグループを観察していたところ、面白いことに気づいた。韓国人同士はいろんな話をしながら、笑ったり、一緒にプールの中で遊んだりしている。一方、日本人は寝ているか、本を読んでいるか、どちらかだった。会話を全く交わさないわけではなかったが、韓国人に比べればごくわずかだった。こんな光景は世界中のどのリゾート地に行っても普通に見られる。

韓国人は一人遊びに慣れていないために、音楽鑑賞や読書よりも、映画鑑賞やショッピングなど2人以上で楽しむものを好む人が多い。韓国人は常に隣に誰かがいてくれることを望むが、日本人は一人でいることを望む。だから日本では結婚をしない人が多いのかもしれない。常に誰かと一緒にいることに慣れている韓国人の目には、常に一人でいたがる日本人の行動がおかしく見える時もあるし、それで日本人を誤解することもある。

カメダという日本人の女友達のエピソードだ。彼女は知り合いの中に気になっている韓国人の男性がいた。彼女は私に、「彼は私のことが好きなのかな?」と相談してきた。後でわかったことだが、彼は彼女のことを友達以上に考えたことがなかったようで、カメダの誤解だった。

事情を聞いて、笑ってしまった。二人は友達数人とブラジルへ旅行することになった。たまたまカメダとその男性の二人だけが同じ飛行機で行くこととなった。二人は最初は隣同士に座ったが、後ろが空いていたので、カメダがそっちに動こうとしたら、男性は「なんで後ろに行くの?」と怒ったそうだ。旅行先でも、男性は常にカメダについてきた。そのため、カメダは「いつも一緒にいたいぐらい、私に興味があるのね！」と勝手に思い込んだ。

帰国後、男性からのプロポーズを待っていたが、何ヵ月たってもなんの音沙汰もなかったから、カメダは悩んだ。もし彼が日本人だったなら、彼のとった行動はカメダが好きだという表現に違いないが、韓国人の立場では、そうではない。ただの友達同士でも十分ありえる行動なのだ。

もうひとり、カン違いした例を挙げよう。

イギリスに4年間留学したマツダという男友達の話だ。寮生活の彼は寮仲間の韓国人と仲よくなって、いつも一緒に遊んでいた。部屋は違ったが、寝る時も時々マツダのベッドに入ってきては、二人で話しながら眠ったこともある。それで、マツダは韓国人も自分と同じゲイだろうと思った。だんだん、その韓国人のことが好きになって、マツダのほうから告白した。ところが、韓国人はごくノーマルな男だった。

日本人には理解できないかもしれないが、韓国人なら学生時代に同性の友達と肩を組んだり、手を握ったりした経験もあるだろうし、家に遊びにいって同じベッドで寝た経験もあるはずだ。

カメダとマツダのエピソードは、一人きりでいるのに慣れている日本人が、常に一緒にいたがる韓国人の行動を見て、単純な友情と思わず、愛として受け止めた失敗例なのだ。20万〜30万部を超えるベストセラーの本が出たり、ゲームのプレイステーションが予約受付開始と同時に完売したりする日本。一方、1万部を超えればベストセラーとなり、映画は100万人以上が見る韓国。この対照的な出来事は、「日本人の一人遊び好き」と「韓国人の友達遊び好き」がもたらした現象だと言えよう。一人遊びが好きな日本人の隣には常に本があるが、韓国人の隣には本の代わりに常に友達がいる。それが文化の違いだ。

友情はお酒から

「酒が勝つか、俺が勝つか。やってみようじゃないか」

韓国の飲み会は、こんなセリフから始まる。

日本人に似合うお酒をビールとするなら、韓国人に似合うお酒は焼酎だろう。お風呂から出た後、冷蔵庫からビールを取り出して「ワー、うまい」と言うのが日本人。あるいは、夕方、定食屋でビールを飲みながらご飯を食べる。ビールは、日本の飲酒文化を語る時に欠かせない。

ところが、韓国人は、ビールよりも焼酎を好む。一人当たりのアルコール消費量は世界20

位台だが、焼酎やウィスキーなどアルコール度数の高いお酒となると4位と上昇する。アルコール度数の高いお酒抜きでは、韓国の酒文化を語れないだろう。

日本では焼酎を飲む時、サワーなどでアルコール分を薄めて飲む人が多いが、韓国ではロックで飲む。韓国人の年間一人当たりの焼酎の消費量は一升ビンで90本と言われている。韓国では焼酎の度数は昔の35度から始まって、30度（1965年）、25度（1973年）、23度（1998年）、17度（2006年）と年々下がっているが、消費者からの「飲んでも酔えない」というクレームで、再び22度まであげる会社も見られるようになった。

韓国では、アルコール度数だけではなく、飲み会の時間も長い。ご飯を食べた後、2次会、3次会、4次会……と延々と続く。韓国の酒文化に慣れていない日本人には、それが耐えられないほどつらいかもしれない。週末の朝、ソウル市内の新村《シンチョン》（韓国の名門私立大学の延世大や梨花女子大をはじめ、大学が集まっている街）に行けば、飲んだくれて道端で寝ている若者が少なくないことに気づくだろう。

韓国のあるシンクタンクの調査の結果だ。「勤務時間中に一度でもお酒を飲んだことがある人」39％、「飲みすぎて記憶をなくしたことがある人」43％、「アルコール依存症に見える人」30％、「二日酔いで翌日の仕事に響く人」28％、「お酒の抜けない社員に対してそれほど問題としない上司」48%。いかに韓国人がお酒好きなのかを説明してくれる結果だろう。

みなさんは、「爆弾酒」というものをご存じだろうか。韓国の飲み会で必ずと言ってもいいほど飲まされるお酒だ。ウィスキーの入った小さめのグラスをビールの入ったグラスに入れた後、ビールとウィスキーを一気に飲む。私も飲んで記憶をなくしたことは一度や二度ではない。大学の歓迎会で爆弾酒を飲まされて亡くなった新入生がいるぐらいだ。韓国の酒文化を問題視する人も少なくないが、とにかく飲むのが好きで、飲める人が評価される。韓国の会社では、「酒常務」という言葉があるぐらい、ビジネスの上でもお酒は大事だ。

私のように、自分の意志で決めたとはいえ、外国に住んで仕事をすることには相当のストレスがたまる。そんな私にとって、お酒を飲むことはストレス解消方法の一つだ。ところが、来日以来、飲む量と回数がハンパではないことに自分自身も周りの人も気がついた。「韓国人は、アルコールを分解する酵素の遺伝子の保有率が他の国の人よりも高く、10人のうち7人はお酒が体質的に合う」という遺伝子研究チームの研究報告書を見て、「やはり私にも韓国人の遺伝子があるんだな」と思えるようになった。

私は日本人の友達と飲むと、不満になる。日本人の飲み方が気に食わないからだ。1次会で一緒に飲むまではいいが、そのうち2次会に行く人と帰る人に分かれる。また2次会が終わったら、3次会に行く人と帰る人に分かれ、そのうち全員が帰ってしまって、私は一人きりになることが多い。そこからは私一人だけで飲まなければいけない。韓国人と飲むなら最後まで付き合うのが常識だが、日本人はそうでもなさそうだ。

人間は環境に適応できる動物だ。私は「ダブルブッキングの習慣」を覚えた。ダブルブッキングとは、1次会から2次会まではAさんと飲んで、その後、別の友達Bさんを誘って飲み続けることだ。それでも飲み足りなかったら、一人で飲み続ける。そうなると、韓国人の友達が恋しくなる。仲間と最後まで一緒に飲めないつらさは、日本人に理解できないかもしれない。

10年ほど前に、韓国へ留学した日本人の後輩がいた。当時はまだ、韓国語を学びに留学してくる外国人が珍しい時代で、彼は大学で有名なスターとなった。そのおかげか、先輩が後輩の面倒を見る韓国社会で、彼はたくさんの先輩たちから好かれて韓国の酒文化を学んでいった。

ところが彼が留学して半年ぐらいたった頃だろう。韓国人の先輩から、「大学で彼の評判が相当悪くて、今や誰も彼を飲みに誘わない」という話を聞いて驚いた。事情を聞いたところ、「なるほど」と納得した。

韓国では、おカネがなくても飲みたい時に救ってくれるのは、たいていは先輩だ。日本人の後輩は先輩に「お酒を御馳走してくださいよ」と、韓国人の後輩がするようにねだる。ところが、彼は2〜3時間も飲んだら、もういいという感じになって、「終電がなくなるから」とか、「明日は授業があるから」とかの理由をつけて先に帰ってしまったようだ。

韓国人の若者は、飲み会を始めたら最後まで一緒に飲む場合がほとんどだ。途中で一人だけ帰ろうとしても、周りはなかなか帰してくれない。結局、あきらめて、一緒に飲み続ける場合が多い。もちろん、みんなが解散に同意すれば家に帰れるが、そうでない場合は最後まで飲み続ける。一人がつぶれたら、必ず誰かがつぶれた人の面倒を見る。近くの安宿に4〜5人同じ部屋で寝ることがあっても、先に帰ることは許されないのだ。

先輩を呼びつけてカネだけ払わせ、自分の都合で帰ってしまうという日本人の後輩の行動は、韓国人にしてみれば、先輩に御馳走になる行動は韓国式に従って、自分の都合で帰る行動は日本式に従うという、都合のいい飲み方に見えたに違いない。最後まで付き合う韓国人の酒文化を完全に受け入れられなかった後輩は、わずか1年で韓国との縁が切れてしまった。

ツインベッドよりダブルベッド

韓国人が日本で一番苦労するのは、狭い空間だ。家だけではなく、レストラン、コーヒーショップ、映画館、電車、飛行機、地下鉄など、日本は最小限の空間でつくられている。アジアの航空会社の中で、日本の航空会社は座席の幅が一番狭いことで有名で、「こんなに狭い空間を、どうしてここまで有効に使えるのか！」と皮肉を込めた絶賛の言葉が出るぐらいだ。

これに比べて、韓国人の家やレストランは、広さで勝負する。はやっているレストランやお店はだいたい小箱よりも大箱で、店内は2階以上の吹きぬけがあり、テーブル数も日本の何倍もあるところが多い。マンションや団地でも、一つの棟のすべての部屋が100㎡以上のところも少なくない。

韓国人は、空間をゆとりを持って活用したがるが、日本人は浪費だと考える傾向が強く、ゆとりよりも効率性を優先的に考える。だから製造業や商社、銀行などの分野では世界的企業が多いのに、ホテル業界では世界的に有名なところはない。

ところで、日本ではいくら小さい部屋でも、いくら狭いレストランでも、化粧室の空間だ

け は比較的ゆとりがある。一方、韓国ではいくら大きい部屋やレストランでも、化粧室は狭い。皮肉な現象だが、韓国と日本のどこでも確認できることだ。

なぜ、そうなのか?

それは、韓国人と日本人が求める「自分の領域」に対する価値観の違いからくるものだ。日本人はトイレという自分の領域ですべてを忘れて、一人で静かにラクに過ごそうとするが、韓国人はただ用を足すためだけの不潔な場所にすぎないという考え方だ。だから、韓国人は、トイレに本棚やテレビを置く日本人を変だと思う。

自分の領域を確保しようとする日本人と、それほど気にしない韓国人の行動の違いは、両国の人々が考える「人と人との距離」からもよく理解できる。韓国の地下鉄に乗ったことがある人は、一つのつり革に何人もの人がつかまっているのを見たことがあるだろう。韓国では一本のつり革を二人がつかんでいることも珍しくない。日本に来て間もない頃、地下鉄に乗って、なんにも考えずつり革をつかんだら、隣の人が「すみません」と手を離して別のつり革を握った。その後、車内をよく見てみると、一人一本のつり革が日本では原則だった。こんな日本人の行動は飛行機の中でもよく見かける。日本人は肘掛けには互いに肘を置かない。いわば中立境界線で、韓国人なら自分が先に肘を置こうと神経戦を繰り広げることもある。自分の領域を守ろうとする日本人と、それを気にしない韓国人の違いだ。道を歩く時も、韓国人は自分の領域をそれほど気にしない。そのために、友達や同僚と歩く時も寄り添う傾向が強いし、誰かと多少ぶつかってもそれほど気にしない。一方、日本人は自分の領域をきっちりと守るため相手と一定距離を保とうとするし、ぶつからないように気にしながら歩いている。そんな日本人の行動は、私には自信がない姿に見える時さえある。

来日当時、左側に私、右側に日本人の友達が並んで歩いていた。そのうち、友達がまっすぐではなく、右斜め前に歩いていることに気づいた。私自身は確かにまっすぐ歩いていると思ったが、後で気がつくと右斜め前に向かっていた。彼に寄りかかるように歩く私と、一定距離を保とうとして右斜め前によける友達。彼がよけるからさらに私が彼に寄り添うという形で、結果的に二人とも右斜め前へと向かっていたのだ。

他人と一定の距離を確保したいかどうかは、ベッドの上でも違う。私が日本人の彼女と初めて旅館に行った時のことだった。夜、仲居さんがシングルサイズの布団を二組敷いているのを見てびっくりした。韓国ではダブルサイズの布団に二人で寝るのが常識だからだ。説明を受けて、日本では寝る時は別々だとわかった。日本では結婚した夫婦でもツインベッドで別々に寝る家が多いが、韓国ではありえない。ホテルのベッドも同じだ。韓国ではツインベッドはかなり少なく、日本ではその逆だ。韓国では夫婦やカップルなら、一つのベッドで寝るのが常識だからだ。

韓国では友達同士はもちろん、兄弟、姉妹も同じベッドで寝る場合が多い。中学生、高校生の頃、男兄弟のいる友達の家に行くと、兄弟はダブルベッドに一緒に寝ていた。姉妹も同じだ。日本に来て間もない頃、飲み会後、友達の家に泊まった時、友達は床に寝て、私をベッドで寝かしてくれた。不思議に思い、周りの人に聞いてみたら、「日本では友達はもちろん、兄弟や姉妹も同じベッドで寝ることはまずない」と言われた。

日本人の友達が釜山の実家に遊びに来ると、私の母親は間違いなく、ダブルサイズの布団に枕二つを準備してくれる。そんな韓国式の寝方を初めて経験する友達は、ひとしきり苦笑して日本へ戻る。その経験談はいつも飲み会の話題になり、日本人を楽しませている。

友達づくりはウサギのスピードで

ソウルへ行って、夜中に日本人の友達と南大門《ナンデムン》市場で買い物した後、小腹がすいてきて、屋台に座った時だった。私が友達と話をしていたら、屋台のおばさんがいきなり「あなたたち、日本人なの？　どこに泊まっているの？　いつ帰るの？」と、いろいろ聞いてきた。
「明日帰りますが……」と言ったところ、
「あそこに座っている学生さんは日本人だけど、年に2〜3回もソウルに貧乏旅行で来ているのよ。来るといつもお土産持って、うちに寄ってくれるほどのいい子なのよ。明日帰るらしいけど、なんかおカネがなくなって、今日泊まる所もないみたいよ。4時間ぐらい泊めてあげなよ。朝早い飛行機らしいから……」
「あと4時間も外で時間をつぶさないといけないから、ちょっとかわいそうよ。何とかしてやりたいけど……」

とドンドン話を進めて、初めて会う僕らにお願いしてきた。

学生時代に、先輩や周りの大人から「世界各国を一人旅したら、飛行機や電車の中で、あるいはホテルのロビーで、いろんな国の友達ができて、世界が広がる」という話をよく聞いたことがある。韓国はその典型的な国ではないかと思う。

韓国では初めての旅行者でも、その気になれば、割とすぐ友達を見つけることができる。しかし、日本、特に東京のような大都会では旅行者が友達をつくるのはなかなか難しい。それは、韓国ではどこに行っても初めて会う人同士の会話が成り立つが、日本ではなかなか成り立ちにくいからだ。貧乏旅行をしていた彼も、屋台のおばさんという立派な友達をつくったので、年に2〜3回しか会わなくても、そこまで心配してもらえるのだ。

来日1年目、慶応大学国際センターで日本語を勉強していた頃、私は、もともと社交的な性格のおかげで、「日本の生活にもすぐ慣れて、友達もすぐできる」という自信を持っていたが、その考え方は甘かった。日本語の勉強をかねて、生協食堂や図書館で隣の人に声をかけるなど努力をしたが、単発の会話はできるけど、なかなか友達になるまでにはいかなかった。初めて会う学生と会話を交わした後、相手に電話番号を聞くと、言い訳をして逃げてしまう。私が一歩近づこうとすると、相手は一歩下がる。そんな時、韓国の友情が恋しかった。韓国人ならば話さえ合えばすぐ友達になれるのに、日本人はなかなかすぐ友達になれない。

何が問題かをよく考えた。それは、韓国人には遠慮がない人が多いが、日本人には遠慮する人が多いからだ。韓国人は全然知らない人が自分に近寄ってくると、野次馬根性も手伝って「何だろ?」と思い、自らも近寄っていく。ところが、日本人は「なぜ、この人は近寄ってくるのか?」と不審に思い、一歩下がって様子を見ようとする。要するに、おじけて、初対面の人から自分を守ろうとするのだ。おまけに、私のように日本語が不十分な外国人が寄ってくると、コミュニケーションが取れないため、もっと不安になる。

ヨーロッパのように数多い言語と人種がともに生活している地域では、多少、言葉が通じなくても、50％程度わかれば互いになんとかしてコミュニケーションを取ろうと頑張るし、言葉の壁もそれほど不安にならない。韓国人も同じだ。道端で、外国人に声をかけられた時の反応を隠しカメラで撮った韓国のテレビ番組では、言葉の通じない人でもなんとかコミュニケーションを取ろうと頑張る姿が断トツに多かった。

しかし日本人は言葉が完璧に通じないと、コミュニケーションがちゃんと取れているかどうか不安になる。そんな日本人の性格を知らなかった私は、積極的に日本人に近寄っていったが、そうすればするほど、日本人は本能的に私から遠ざかる。悪循環そのものだった。

日本人のおじけをなくしてくれたのは、信頼があって初めてできる「紹介をしてもらうこと」だった。私の場合は、大学院へ進学して日本人の彼女ができると、その彼女がいろいろな人を紹介してくれた。そこから友達は増えた。以前はいくら努力しても友達が増えなかったのに、「紹介された」というだけで一気に心を開いてくれたのだ。

韓国では気が合えば、最初から一気にオープンな対人関係が成り立つが、日本人は時間をかけて様子を見ながらゆっくりと友達関係をつくっていく。韓国では紹介がなくても、

「Everybody is OK」なのに……。ネズミ講式（多段階式）販売が日本ではやっている理由もわかるような気がする瞬間だった。

韓国企業と取引経験のある日本企業が一番苦労するのは、韓国企業は長期的取引を念頭に置いてビジネスを進めようとするところが少ないことだ。日本企業が韓国企業へ連絡して、アポイントを取る場合、誰かの紹介がなくても、比較的簡単だ。ビジネスにも、おじけがないからだ。同じように日本企業と取引したいと思う韓国企業は商社や知り合いを通じてアクセスするのではなく、直接連絡してくる場合が多い。実際に、私もその種の手紙を書いたり電話をかけたりするお手伝いをしたことがある。ビジネスの場でも韓国人は比較的オープンで、日本人は閉鎖的だ。

韓国人は少しでも仲よくなったら、遠慮なく相手にいろいろアドバイスしてあげる。それが相手を傷つける言葉であっても、相手のためになるなら遠慮しないが、日本人はそうでない。

来日して、初めて仲よくなった日本人の友達マサトの家に行った時だった。私には、日本の真夏の暑さは今でも耐えられない。あまりの暑さのために汗をかいたので、私は「ちょっとシャワー借りるね」と言って浴びた後、冷蔵庫のドアを開けて水を飲んだ。その時にマサトは何の反応もしなかったから、私はごく普通に話して帰ってきた。ところが、その後はマサトに連絡してもいろいろな理由をつけて会ってくれず、ついには、いつからか連絡が途切れてしまった。

マサトが特別な人だったかはわからないが、確かなのは、日本人はいくら仲のいい関係でも、友達の家でシャワーを借りたり、相手の冷蔵庫を断りもなしに開けたりはしない。そんな日本人の目には私の行動がショックだったに違いない。韓国では冷蔵庫を開けたくらいで友達に絶交されることはない。もしそうなったら、韓国人は誰とも付き合えなくなるだろう。

私のような外国人が日本文化を学ぶ時に一番苦労するのは、間違った行為を正しく直してくれる日本人が少ないということだ。日本では辛口で話す人は歓迎されない。それは相手を傷つけることをやりたがらない日本人の性格によるものだ。当事者の前で、マナーを直してあげたり、間違った行動を直してあげたりすることは相手を傷つけると、日本人が配慮するためかもしれない。20年以上日本に住んでいた中国人が人とぶつかって「ごめんください」と言っても、「ごめんなさい」と誰も直してくれない。そのような配慮は日本的美徳かもしれないが、私のような外国人が日本の文化を理解するのをさらに難しくする。間違った行動を繰り返す人に注意して直してあげようとする人よりも、注意もしてくれずに離れていく人が多いように見える。だから、韓国人から見た日本は閉鎖的に感じられるのかもしれない。

日本と韓国の友達との付き合い方の違いは、童話の『ウサギとカメ』にたとえるとわかりやすいかもしれない。「友達」という頂点に向かってゆっくりと移動する日本人はカメのようだが、頂点に向かって一直線に突っ走る韓国人はウサギのようだ。チャン・ドンゴン主演の韓国人の友情を描いた『チング』は、韓国人の男なら誰もが一度は憧れるが、日本で友達とそんな関係を持とうとすると、まだ半世紀以上かかるかもしれない。だから韓国人が日本人の友達をつくるためには、忍耐力が必要になる。「我慢を意味する『忍』の文字を三つ持てば、殺人も避けられる」という韓国のことわざがある。この精神こそが、日本人と付き合う時に必要なものかもしれない。

第2章　もっと、もっと仲よくなりたい

親切でも「下心はない」

来日前年の真夏。私は日本への留学準備で、ソウル市内にある日本文化院（日本領事館の傘下で日本の文化を紹介する文化・芸術広報室の役割を担う）の図書館で勉強をしていた。ところが、図書館の入り口付近で、慌てている日本人らしい4～5人の姿が目に入った。「なにごとだろう?」という野次馬根性と日本語練習のチャンスという気持ちが混ざり、私は彼らに声をかけた。事情を聞いたところ、女性1人と男4人が卒業旅行でソウルに来たが、女性が日射病で倒れて、病院を探しているとの話だった。

私は、「お任せください。私は地理学専門ですから……」と意味不明なことを言って、聞いたことも、見たこともない病院を探しはじめた。駄菓子屋のおばさんに聞いて、やっと病院の場所がわかって、彼らを案内した。診察後、倒れた女性が点滴を打っている間、彼らが翌日から釜山へ移動する予定だと聞いた。私は知り合いが釜山の中心街の小さなホテルを経営していることを思い出して、宿も安く手配してあげた。

これをきっかけに彼らのうちの男性一人と仲よくなり、その後も4～5回ソウルに遊びに来て、家に泊まるようになった。彼がソウルに遊びに来るたびに、私は送り迎えに行ったり、市内を案内したり、友達と一緒にご飯やお酒を御馳走したりして、楽しい時間を過ごした。当時、学生だった私は経済的に余裕があるわけではなかったが、「ホストがゲストをおもてなしして歓迎する」という韓国人の発想で、直接関係もない私の友達と一緒に彼を楽しませた。

その後、私は来日わずか1週間後に、「この国で本当に住めるだろうか？」と不安になり、自信をなくしてしまった。

新宿アルタの前で、その日本人男性と彼の友達の3人で待ち合わせをしてランチを取った。どの店だったかは思い出せないが、私は800円か900円の丼ものを食べた。会計の時、自分の代金だけを払っている彼の行動に驚いてしまったのだ。

もともと韓国は割り勘をしない文化だから、彼は慣れてないこともあるだろう。それよりも私は、ソウルでの出来事を思い出した。

「ソウルで病院まで案内したのに……。点滴を打っている間、通訳までしてあげたのに……。釜山で車まで無料で出してあげたのに……。あんなに御馳走してあげたのに……。家にまで泊めてあげたのに……。韓国案内までしてあげたのに……」

と、私と私の親友が彼らにしてあげたおもてなしを思い浮かべた。そして、

「それなのに、来日して初めて会う私に800円の食事も御馳走してくれないんだ」

と、彼を憎む私がいることに気づいた。

お店を出た後、私はさらにがっかりした。

「韓国から届く予定の荷物があるが、まだ住む家が決まってないから、あなたの家宛てに荷物を送りたい」

と話をしたところ、「家にいない」とか「帰りが遅いから、届いてもそれをあなたに渡す時間がない」などと言い訳を並べて断られてしまったのだ。その瞬間、私は、「ソウルで彼と彼の友達に利用されただけだったのかな。この国で友達はできるのかな」と寂しい気分になった。目の前の彼が悪魔に見えた瞬間だった。

それから15年。もう一人の悪魔が私の生き方に疑問を投げかけた。

私は2000年から、韓国の男性雑誌『GQコリア』の「クリティック」というコーナーで、韓国と日本の文化論についてコラムを書いていた。韓流ブームもあって、日本の雑誌でも書くチャンスがあればいいなと思っていたら、知り合いのスタイリストの紹介で、出版社の女性編集長に出会った。当時、韓国をテーマにした雑誌創刊を企画していた女性編集長は『GQコリア』に連載した私の原稿を見て、

「毎月、固定コラムとして書いてもらいたい」

と言ってくれた。創刊号の発行に向けて打ち合わせをするうちに気が合って、紹介してくれた友達を含めてプライベートでも飲むようになった。

創刊に向けて順調に思えた雑誌は、広告が集まっていないようだった。女性編集長はそれを真剣に悩んでいた。私は頼まれてもいないのに、自ら知り合いや自分の人脈を通じて、韓国系の中小企業や大企業のファミリーに「広告を出してほしい」と持ちかけた。女性編集長がプライベートで夫婦旅行した時も、航空会社の知り合いに連絡を取り、非常口近くの席を取ってあげたり、ラウンジ券を無料であげたりもした。このようなことは、仲のいい友達になれそうだから、人間として気に入ったからやってあげただけで、決して下心があったからではない。

同じ頃、韓国で単行本を出版することになった私は、「翻訳して日本でも出版したい」と女性編集長に相談を持ちかけたところ、彼女はまるでそれを待っていたかのように、私を責めてきた。彼女に親切にしてあげた私の行動を、「すべて日本で出版するために自分を利用しようとした下心のためではないか？」と強く批判するばかりか、「人を利用しないでくれ」「人を騙さないでくれ」とまで言ったのだ。

おもてなしのつもりでやったのに、人を騙すための、人を利用するための不純なものと思われたことに、私は怒りが収まらなかった。まさに心外だった。

もしあなたが韓国人に会って、今までにないほど親切にされたら、どのような気分になるだろう？「なんでここまでよくしてくれるの？」「何か下心があるんじゃないの？」と疑う気持ちがあるなら、それはきっとあなたの心にも疑われるような下心があるからではないのか……？

「人と仲よくなりたい」という気持ちは理性ではなく、感情が働いて生まれる。韓国人は損得を考えて人脈をつくるのではなく、感情で付き合おうとする場合が多い。「人が好きだから」という、ただそれだけの理由で友達になろうとする人が多いのだ。韓流が日本でブレークした理由は、韓国人の無償の愛に感動したからではなかろうか？韓国人は単純だ。もし、あなたが韓国人に会うことがあったら、ウラを読もうとせず、素直に接してみることを勧める。きっと、今まで日本人には味わえなかった深い情を感じるはずだ。

ファンタジーは憧れ

私は大学で「地理学」という教養科目を教えているが、何年か前に、たまたま「韓国の大衆文化」という特殊科目を教える機会があった。日本人の学生に、韓国の映画やコマーシャルを見せながら韓国文化と社会を教えた。

あるコマーシャルを見せたところ、笑いが止まらない学生や変な顔をする学生が多いことに気づいた。なにがおかしいのだろう？　別に変なものを見せたわけでもないのにと、不思議に思えた。そのコマーシャルのストーリーは、次のようなものだった。

《舞台は証券会社のオフィス。あわただしく動き回る社員の中で、忙しく仕事をしている一人の男に、海外留学中の親友から一本の電話がかかってきた。「親の誕生日なのに、韓国へ帰れないから、代わりに行ってくれないか？」「お前！　なに言ってんだ！　そんなこと心配する時間があるなら、勉強しろ！　だって、お前のおふくろは、俺のおふくろだぜ。心配するなよ」と会話を交わす二人の男。最後は、電話をかけた人も、電話を受けた人も、誕生日の母も、みんな幸せな顔をして微笑みながら、コマーシャルは終わる》

男の友情をコンセプトに描いたこのコマーシャルは「あなたの親友のように財産を運用します」というメッセージを視聴者に訴えるものだ。

「韓国ではコマーシャルという世界でも、人間関係を強くアピールするものが多い」ということを学生に伝えたかったが、学生からは、「ウソっぽいよ」「臭い」「気持ち悪い」「ホモじゃない？」「ありえない」「会社にプライベートの電話をかけてくるなんて」などと、韓国人の私には、そこまで言わなくてもいいじゃないかと思うような、意外な反応だった。

少なくとも、これを見た韓国人は感動まではしなくても、変だと思う人はまずいないだろう。しかし日本人の学生たちの目には、ありえない世界にしか見えなかったようだ。私にとっては、まさに韓国と日本の文化の違いを感じさせてくれた一つの出来事だった。

韓国のコマーシャルには、このように、友達との友情を含めて、恋人や親子の愛情をテーマとしたものが比較的多い。

たとえば、

《舞台は、ある森の中。メガネをかけたやさしそうな顔をした大人が車を運転していて、後ろの席ではたくさんの子供たちが無邪気にはしゃいでいる。それを見守りながら、森の中をゆっくりと進む》

《土砂降りの中の横断歩道の前で、自分より大きい傘をさしている子供が怖がって止まっている。子供を見かけた大人は、車を止めて子供を先に行かせて、やさしい笑顔をみせる》

《田舎の国道での突然の車の故障で、困っている親子。アフターサービス会社に連絡がついて、待っている間、田圃《たんぼ》で夕陽を見ながら仲よく会話を交わす》

《空いっぱいの微笑みを。微笑みを。微笑みを。顔いっぱいの愛を。愛を。愛を……とさわやかに流れるテーマソングに、航空会社の予約センターや空港の職員、客室乗務員、パイロット、整備員などスタッフ全員がそろって、口を大きくあけて微笑み、頭を左に右にふりながら歌を歌い続ける》

このように、人間関係を描いているコマーシャルでは、特に「子供」と「微笑み」をクローズアップしているものが多い。韓国人から見れば、この二つはとても人間的で庶民的に思えて、感動さえ覚える。

しかし冷静に考えてみれば、これらは韓国の日常生活の中で見られる現実のものとは少し違う。韓国人の大人で、子供に道を譲れる余裕を持っている人が、果たしてどれぐらいいるだろう。車が故障したからといって親子がのんびり夕陽を見ながら待てる余裕はあるのだろうか。私は旅行が好きで飛行機に乗る機会がたくさんあるが、どの航空会社のスタッフにも、コマーシャルのような完璧な笑顔を見せてくれる人はいない。もちろん航空会社のスタッフが親切でないと言っているわけではないけれども……。

韓国のコマーシャルは、日常生活ではなかなか見られないファンタジーの世界を描いているものが多い。それが日本人の学生を笑わせたり、おかしいものだと思わせたりしたのだろう。ファンタジーの世界は、日本人の目にはウソの世界に見えるかもしれないけれども、韓国人の目には憧れの世界に見えるのだ。1分もない短い時間で流される映像だが、韓国人の視聴者はそれを見て「われわれの生活の中でも、こういう人情深いものがまだ残っていたらいいな」「なかなかいいメッセージを送る会社じゃないか」と会社をほめたり、自分に置き換えて考えたりする。だからこそ、こうしたファンタジーの世界は、韓国社会で受け入れられているのかもしれない。

日本に来たことがある韓国人ならば、必ずと言っていいほど「いつも親切な日本人。いつも秩序を守る日本人」とほめる。「どこに行っても、誰に会っても、微笑みが絶えない。親切に迎えてくれる」と絶賛する。そのうえで、「その微笑みを会社のサービスの一環として取り入れるべきだ」と主張する人さえいるのだ。仮に、その微笑みが表面的な営業スマイルであっても、中身が本物かどうかを見極めようとするよりも、微笑み自体に憧れる人が多いようだ。

「子供のような純情」「本物の微笑み」は、韓国社会や韓国人が追求したい憧れの一つかもしれない。私は韓国へ帰省するたびに、子供と微笑みをクローズアップしたコマーシャルを見るのが楽しみだ。日本人の目には、それが臭いものにしか見えないかもしれないけれども……。韓国人はコマーシャルでも、完璧な愛を持ちたいと思うのだ。

友達の友達は、みな友達

新宿で日本人の友達と飲んでいた時、一本の電話がかかってきた。「通知不可？　誰だろ？」と気にしながら、電話に出た。受話器の向こうから韓国語が聞こえてきた。「あのう、ソウルのファンさんのこと知っていますよね。僕はファンさんの友達で、朴《パク》さんと一緒に飲んだことがあるのですが、覚えていますか？」と尋ねてきた。いきなり知らない人からの電話で戸惑った。

相手が誰なのか思い出せなかったが、「ソウルの××というワインバーで一緒に飲んだのですが……」と言われて、やっとわかった。「でもおかしいな。彼に携帯電話の番号を教えてないのに、なんで知っているんだろう？」と不思議に思ったが、口にはしなかった。

「ああ、覚えていますよ。しばらくですね。お元気ですか？」と返事をすると、電話の向こうからは不安そうな声が消え、明るい声が聞こえてきた。

「実は親友が日本人と結婚することになって、結婚式に出るために、今日東京に着いたんです。ファンさんに、『東京に行ったら、絶対、朴に電話しなよ』と言われまして、お電話しました。もし都合よかったら一杯やりませんか？」と言われた。その時はじめて、なぜ彼が電話をかけてきたのか、どうして私の携帯番号を知っていたのかがわかったのだ。

私は日本人の友達の承諾を得てから「いいとも！　今すぐ会いましょう！」と彼を新宿まで呼んだ。一回しか会ったことがないのに、会った途端、まるで古い親友に会ったような気がして、仲よく飲み始めた。結局、彼が東京に滞在した5日間、毎晩一緒に飲んだ。そして彼の親友の結婚式の2次会にまで参加して、その親友とも仲よくなった。

事情を知った日本人の友達は、「私に断りもなしに勝手に電話番号を教えて電話をかけさせたファンさんの行動」も、「一回しか会ったことがない私に会おうとする彼の行動」も「彼の友達の結婚式の2次会まで出た私の心境」も不思議に思えたようだ。しかし、私は韓国人として、彼の気持ちもファンさんの気持ちも十分理解できる。

一般的に韓国社会では、親友の友達は自分にとっても友達になる。私を親友だと思ったファンさんにとってみれば、もう一人の親友も私の親友だと思ったはずだ。だから、別に私に断りなしでも、私の携帯番号を教えたり、電話をかけさせたりすることができるのだ。こうした友達関係が成立するせいか、韓国では自分の親友が自分の嫌いな人と仲よくなることはありえない。仮にそうなったとしても、親友は自分を取るか自分の嫌いな人を取るか、どちらかを選ばないといけない時が必ずくる。韓国では、日本のように「自分の友達は自分だけの友達」「友達の友達は赤の他人」という論理で人間関係をつくろうとしたら、誰も友達になってくれない。

私は仕事とプライベートあわせて年に10回以上韓国へ帰り、毎回必ず何人かの友達と飲むが、待ち合わせ場所の居酒屋に行くと必ずと言っていいほど、私の知らない人や1〜2回しか会ったことがない人が友達と一緒に座っている。おかげで、ずいぶんと知り合いが増えた。その行為を見て「私に前もって断りなく、勝手に呼ぶなんて！」と怒る韓国人はまずいないだろう。「親友の友達は私の友達」という人間関係が成立するから、自然にできることだ。以前、私も韓国に住んでいた頃は、同じことをしていた。来日当初は、韓国流の付き合いに慣れていたせいか、相手に断りなく、知らない二人の友達を一緒に会わせたことが結構あった。そのせいで日本人の友達を困らせたり、怒らせたりしたことも少なくなかった。「親友の友達は私の友達」という韓国人特有の人間関係は、時には私のような異邦人につらい思いをさせる時もある。異邦人とは、日本で長い時間を過ごして、日本人の付き合い方に慣れたために韓国人と同じ価値観を持つことができなくなったという意味だ。韓国人の付き合い方に少し違和感を感じるようになってしまったからだ。

来日して間もない頃「××の友達の○○ですが」と知らない人から突然かかってくる電話は、一度や二度ではなかった。一回でも会った人からの電話ならまだしも、会ったこともない人からの電話も少なくなかった。休みなどで韓国に帰るたびに増える知り合いのおかげか、かかってくる電話の数も比例して増えてきた。

事情を聞くと、だいたいは「今度、東京に行くけど知り合いがいないので、いろいろ案内してくれませんか?」とか「今、東京に来ていますが、泊めてもらえませんか?」「○○さんから、あなたの家に泊まっていいと言われました」という内容だった。最初は、そんな人々のお世話をしていたが、留学生で日本での生活に慣れるのが大変だったからか、日本人の付き合い方に慣れたのか、宿泊先を探す人やガイドの願いを断るようになった。

いったん断ると、私はいきなり冷たい人間と思われてしまい、ひどい時には私の人格まで否定されてしまった。後で、韓国人の友達からは怒りを含んだ言葉を浴びせられたり、頼んできた韓国人からも批判されたりして、結局、韓国の友達とも険悪になったことも少なくない。

大学院時代に、同じ研究室へ留学で来る予定の韓国人に「家を探すまで泊めてもらえないか?」と頼まれたのを断ってから険悪になっただけでなく、留学終了後、帰国する時にも強く批判されたことは今でも覚えている。韓国人の感覚からすると、「1年でもなく、たった1週間、1ヵ月のことなのに、家に泊めてくれるのがそんなに大変なのか？」と疑問を持つはずだ。おそらく、私も日本に来ないで日本人の付き合い方に慣れてなかったら、彼らと同じ疑問を持っただろう。

私は、港区南青山にある根津美術館にたまに行く。奥にある日本庭園は日本の文化を教えてくれる象徴的なものに思えて、とても好きだ。日本の庭は韓国の庭とは相当違う。韓国の庭は、基本的に人に見せるためにあるオープンスペースだが、日本の庭は人に見せるものではなく、一人の時間を楽しむ空間だ。だから韓国の庭は明るくて華やかだが、日本の庭はわびしさと寂しさが漂う。

私もいつからか「自分の空間を人に見せたくない」という日本文化に慣れたのかもしれない。そうは言いつつも、知らない韓国人からかかってくる一本の電話で、韓国が恋しくなって、うれしくなることもある。自分の中に昔の自分、つまり韓国人の感情を失っていない自分がまだ生きていることを気づかせてくれるからだ。

友達のものは自分のもの

「結婚しましたか?」「年はいくつですか?」「マンションを買ったんですか? いくらしましたか?」「どこの大学出身ですか?」「給料はいくらもらっているんですか?」

それほど親しい間柄でなくても、韓国人ならためらわずに出るフレーズだ。こんなやりとりがあって、お互いに相手のプライバシーを聞いているうちに、もっと仲よくなることも多い。

韓国人はプライバシーを友達と共有する傾向が強いために、「自分のものは友達のもの、友達のものは自分のもの」という発想が土台にある。だから、韓国人は友達同士なら普段から違和感なしにおカネの貸し借りをする。大金の場合は別として、金額が常識的範囲ならば、おカネの貸し借りをする人をだらしないと批判する人はいないだろう。

たとえば、友達から飲み会に急に誘われた時に「おカネないから行けないよ」と断ると「貸してやるよ」と無理やり連れて行かれる。「おカネがないから」は断る理由にならない。

ところが、日本人はそうではない。何年か前に、日本人のやり手の女性編集長との飲み会で、韓国人のカネの貸し借りについて話したところ、女性編集長が「暴力を振るう彼とカネを貸せと言う彼がいるなら、カネを貸せと言う人と別れるわ」とはっきり言ったことを今でも覚えている。

韓国人は普段から小さな金額のカネを貸し借りするから、借りたおカネを忘れてしまう時もある。しばらくたっても返ってこないと、友達に「このあいだ貸したおカネは（どうなった）？」と催促すると、「あ！　忘れてた。ごめん。ごめん」とすぐ返してくれる。「貸したおカネは返ってくる」のが基本だ。

大学院時代、日本人の先輩、同期と３人で筑波大学で開かれる学会に参加するために出かけたことがあった。帰ってきて高速代やガソリン代を３人で分担しようとしたが、私はたまたま持ち合わせがなくて、「今度会う時に渡す」との約束をしておいて、うっかり忘れてしまった。半年たってから気がついて、同期に「ごめんね。『返してくれ』と言ってくればいいのに」と言ったところ、「くれないから、あきらめていたよ」と返された。わざとじゃないのに、相手に誤解されていたようで、いい気分ではなかった。

大学時代の私は、教科書や地図を描く道具をよく忘れた。そんな時は私が言わなくても、「しまった」という顔をすると、隣の人が見せてくれたり、ペンを貸してくれたりした。ところが、日本はそうではないようだ。私が地理学という授業で、「次回の授業は地図帳を持参するように」と言ったところ、地図帳を持ってこなかった学生がいた。不思議なことに、隣の人に見せてくれとお願いする人もいないし、気を利かせて見せてくれる人も少ない。私が「隣同士で見せ合うように」と言わない限り、90分をボーッとして時間だけをつぶしていく学生も少なくない。韓国人にしてみれば、本やペンぐらいなら貸せばいいのにと思うが、日本人には自分のもの、相手のものの区分がはっきりしているように思える。

プライバシーを大事にする日本人は、いくら仲がよくても友達のものに手をふれないが、好奇心豊かな韓国人は、あれこれと触ったり見たりする。

来日2年目、私の親友のマエダとコーヒーショップに入った時だった。マエダは財布と手帳をテーブルの上に置いたままトイレに行った。私は無意識にマエダの財布を触って中身を見ていた。現金1万円とクレジットカード3枚が入っているのがわかった瞬間、マエダから「なにやってるの！　なんで人のものを勝手に見るの！」と怒られた。

私はマエダが突然怒ったので、ちょっとあわててしまった。一番仲のいい友達に、財布の中身を見たぐらいでそこまで怒られるのかとさびしくなった。財布に触ったぐらいで、そこまで怒る韓国人は果たして何人ぐらいいるだろう。

友達のものも気軽に触る韓国人は、友達の携帯電話に出てあげることもある。友達が携帯電話を置いてトイレに行った場合、呼び出し音が鳴ると、「××の電話ですが」と出てくれる。今は番号通知サービスがあるから、代わりに出ない人もいるけれども、日本人に比べれば代わりに出る人が多いだろう。何年か前、私が携帯電話をテーブルに置いてトイレに行った時があった。たまたま日本人の彼女からかかってきたために、韓国人の友達が電話に出た。ところが、日本語を話せない友達は話もせずに切ってしまった。彼女は私が切ってしまったと誤解した。「韓国人は代わりに電話に出る人が多い」との話もしたが、彼女の誤解を解くのに相当の時間がかかった。

韓国へ留学した後輩ダイスケとソウルのコーヒーショップで待ち合わせをしていた。ちょっとトイレに行って戻ってきたら、興味深いことが起きていた。ダイスケがテーブルの上にあった私の手帳を見ていたのだ。私が日本ではやってはいけないと言われた行動を、日本人の彼が自然にやっていた。こんな行動は日本では友達をなくす理由になるかもしれないが、韓国ではそこまで心配する必要がない。彼も韓国人になっていくんだと、ほくそ笑んでしまった。

友達の家族とも仲よくなりたい

日本に留学して2年目だった。専門は違うが、大学院で仲よくしていた日本人が一人いた。彼には同じ大学院の博士課程で勉強しているお姉さんが一人いた。お姉さんとはたまに学内で会ったり、駅で見かけたりすることもあった。そのうち、友達のお姉さんを見るたびに仲よくしたいと思うようになった。大学で一番仲のいい友達のお姉さんだから、仲よくなるのもおかしくはない。

しばらくたって、渋谷にある本屋の帰りに偶然、お姉さんに会った。時間も余っていたので、「コーヒー一杯、御馳走してくださいよ」と言ったところ、私を避けるような感じで、「また今度ね」と去っていった。

後日、この話が友達の耳に入ったようで、彼はあまりいい気分でない様子だった。私は友達に、「韓国では仲のいい友達の兄弟は自分にとっても大事な兄弟だから、仲よくするのが普通だ」と一生懸命に説明をしても、納得してくれない。「友達の兄弟に近寄ったのが、そんなに失礼なことなのか」と思いながら、その時に受けたカルチャーショックで私はしばらく立ち直れなかった。

韓国人の友達との付き合い方には、「個人対個人」の関係も大事だが、それ以上に「個人の背景対個人の背景」の関係も大事だ。だから、韓国人には友達の家族も特別な存在となる。少しでも仲よくなると互いに家族や兄弟のこともいろいろ話すし、自然と友達の家族とも仲よくなる。私は、韓国人の友達については、彼らの親がどのような仕事をしているのか、今、近所の誰と険悪な関係にあるのか、そして彼らの兄弟や姉妹が今どこに住んでいて、誰と結婚して、家庭的にどんな悩みを持っているのかのような、家族のプライバシーまで知っている。相手も私のことはもちろん、私の姉や親のプライバシーまで知っている。

だから、韓国人で親友の親や兄弟に会ったことのない人はまずいないだろう。日本人は友達とは二人だけの関係で止まり、家族を含む広い関係までにはならない。しかし、韓国では、仲のいい友達のお兄さんやお姉さんを訪ねて、ご飯やお酒を御馳走してもらったり、逆に自分の弟や妹の友達を可愛がって面倒を見てあげたりするのは、ごく普通のことだ。

私は、日本でたくさんの友達ができたが、彼らの兄弟や姉妹、家族に会ったことはほとんどない。ある時、友達にわざと「家族に会ってみたい」と言ってみたら、彼らのほとんどは「なぜ?」という拒絶反応だった。「あなたに家族を紹介しなければならない何か特別な理由があるのか?」と切り返されたこともある。日本人にしてみれば、いくら友達関係にあるといっても、それは個人と個人との関係にすぎない。だから、個人と個人との関係を越える関わりを持つ意味がない。たとえ、友達の兄弟だとしても、それは友達同士の関係という範囲を越えるものだからだ。

個人を越えてその背景にある広い範囲までを友達関係と考える韓国人は、友達や恋人の親を、「お母さん、お父さん」と呼ぶのが常識だ。日本では友達や恋人の親を「お母さん」と呼んだら変な誤解を招くかもしれないが、韓国では友達や恋人のお母さんを「おばさん」と呼ぶほうが失礼になる。日本人にしてみれば、友達のお母さんはあくまで他人の親であって、自分の親ではない。しかし、韓国人は友達の親は自分にとっても親だという意識が働いている。

韓国人の友達関係はより広い範囲での付き合いも含んでいるために、二つの友達関係が重なり合う場合、はっきりした領域区分ができなくなり、おおむね一つのグループになってしまう。だから友達と会う時も、知らない何人かの友達と一緒に大勢で会って騒ぐ場合が多い。

しかし、日本人は違う。二つの友人関係が重なり合う場合でも、はっきりした領域区分ができて、一つのグループにまとまることは少ない。だから、何人かの友達（特に知らない友達達）を混ぜて一緒に会おうとすると、いやがる人が多い。私が日本人と付き合って苦労したのが、この点だ。私は仲のいい知り合いができると別の友達や彼女に紹介したかったが、日本人の友達は「遠慮しておくわ」の一言で断る人が多かった。知らない人と会って気を使うのが面倒臭いということもあるが、基本的に人間関係を複雑にしたがらない日本人の付き合い方が原因だった。

より広い範囲まで含んだ友達関係であるために、韓国人は時には互いに迷惑をかけあいながら友情を育てていくが、日本人は自分の領域、一定距離を保ちながら仲よくなっていく。これが韓国人と日本人の友達関係を形づくっている暗黙のルールだ。

完璧よりは適当を好む

大学で教えて9年目になる私は、たくさんの学生を見てきたが、その中で何人か印象深い学生がいた。それは、異質的な韓国にはまっていく学生たちと、韓国をバカにしている学生たちだ。

大学に勤めた初年度、私のところに相談に来た一人の学生がいた。彼はうつ病と闘って、1年以上大学へ出て来られなかった。彼は人ごみの電車や受講生の多い教室などの空間に入ると、すぐ呼吸困難を引き起こす。そのため、家から外へ出る勇気がなくなって、引きこもってしまっていたようだ。

彼は在日韓国人の3世で、私が韓国人だから、とりたてた理由もなく授業を受けていたようだ。病気で長年苦労した彼に、私が「気楽に韓国へ行ってみれば？」と話したところ、気分転換のつもりで、1週間ぐらい韓国へ旅行した。たまたま現地で友達ができて、日本では味わえない気さくな付き合い方を知って、韓国をもっと知りたいと思うようになったらしい。彼は本格的に韓国語を勉強するつもりで、夏休みに韓国へ語学留学をした。

その彼に不思議な出来事が起きた。留学中に、韓国人の友達がたくさんできるようになって、現地生活にも慣れてくると、不思議にも電車にも乗れるし、受講生が多い教室へも入れて、薬なしに普通の生活ができたのだ。たくさんの韓国人の友達もできて自信を取り戻した彼は「卒業したら、絶対に韓国に住む」と誓って、帰国後は、韓国企業の関連会社に就職活動をして、しばらく韓国で暮らすようになった。

話を聞いたところ、彼の病気は周りに気を使いすぎる性格からくるものだった。おそらく彼は、気さくに声をかけてすぐ仲よくなってくれた韓国人の友達を通じて、緊張しない人間関係や変に気を使わない対人関係からくる気楽さを感じて心理的にラクになり、薬を飲まなくても生活できるようになったのだろう。

一般的に、韓国人の性格は日本人に比べれば好き嫌いがはっきりしている。だから、ビジネスでもプライベートでも、相手を翻弄したり、気を持たせたり、思わせぶりをしたりする「グレーな付き合い」をあまり好まない。韓国人同士が付き合う時は、互いに変に気を使ったり、オモテとウラがあったりすることも少なく、日本人同士のような緊張感も少ない。そのあたりの事情は韓国へ留学した経験がある日本人に聞けばわかるし、帰国後に彼らがどのように変わって、どのような友達関係を持っているのかを見ればよく理解できるはずだ。

韓日共催のワールドカップや韓流ブームのおかげで、日本人が韓国へ留学することも珍しいものではなくなった。私の教え子の中にも韓国へ短期の語学留学をした学生は多いが、彼らを見ると、大きく二つのグループに分けられる。

一つは、韓国へ行った後、好き嫌いがあまりにもはっきりしている韓国社会に馴染めなくて拒否反応を起こしてしまい、韓国そのものが嫌いになるグループ。当然のことながら、二度と韓国と関わりを持ちたくないと思い、アンチ韓国になってしまう。

もう一つのグループは、ウラオモテのない韓国人のことがとても好きになって、短期留学から1年以上の長期留学へと延長して、韓国で楽しく過ごすグループだ。彼らの中には留学を終えて帰国した後、今度は日本人の友達との付き合い方に苦労する人々が多い。日本人同士の付き合いでは、いくら仲のいい人でもやってはいけないことなどの暗黙のルールが多いが、韓国人の対人関係では日本人同士の時ほど多くないからだ。

長期間にわたって韓国で生活をしていた彼らは、緊張しない人間関係がいかにラクかをわかってしまった。だから、帰国後再び、日本人の友達と付き合おうとすると、余計にやってはいけないものが多いと感じて、適当な緊張のある人間関係を維持しようとするのが苦痛になってしまう。結局、日本人と付き合うこと自体が負担になったり、面倒臭く思ったりして、緊張感のある人間関係を自ら持とうとしなくなる。それで、彼らの周りからは日本人の友達が一人二人と離れていって、代わりに韓国人や韓国人留学生が集まるようになる。

成績もよくて、いつも静かにして授業を受けている日本人の女子学生がいた。授業中に、質問を当てると顔が真っ赤になる。声が小さくて、いつも二、三度聞き直す。語学力はあるようだが、どうも人の前でしゃべるのが苦手だった。

ところが、1年間の韓国留学を経験したことで彼女は大きく変わった。再び私の授業を受けた時には控えめの性格が消え、とても明るくなって、積極的に人前で話すようにもなっていた。あまりにも変わってしまったことに、私が驚いた。

　このように、留学後、韓国にはまっていく学生はほとんど性格が明るくなって、本来の日本人の控えめなところが見られなくなる。完璧を求める日本人と違って韓国人は適当を好むために、対人関係でも日本人ほどの緊張感を与えないかもしれない。人に迷惑をかけないように努力するよりも、人間らしく、お互いに迷惑をかけあって仲よくなるという発想が人間関係の根底にある。きっとそういう韓国人の付き合い方を好きになったに違いない。人生の価値観をつくる大事な時期に、韓国を通じて、自分を変えていく彼らを見ると、私のような韓国人はうれしくなる。それは、韓流ブームで韓国にはまっていくマダムたちとは意味が違うからだ。

第３章　変わらないルールはきらい

「マニュアル」より「例外」

２００４年３月、東京・青山にある国立競技場の近くを通っていたら、「ワーッ」という喚声《かんせい》が聞こえてきて、人々が競技場から出てきた。

「なんだろう？」と友達と近寄って、競技場の中に入ろうとしたところ、そこにいたスタッフが「お客様。入場券を見せてください。入場券がないと入れません」と言いながら、中から出てくる帰り客を誘導していた。アメリカンフットボールの決勝戦が終わり、閉会式の途中だった。

ゲームは終わっても閉会式はまだ終わっていない。だから、入場券を要求したのだろう。マニュアル通り動く日本人の典型的な姿を見せてくれるものだった。韓国でゲーム終了後、閉会式の途中だからといって入場券を買わせようとしたら、お客は憤慨するだろう。

ちょうど同じ頃、私はソウル３泊、バンコク５泊という日程で出張に出かけた。ソウル・仁川《インチョン》空港の入国審査で、入国管理局のスタッフから、「パスポートの期限が1ヵ月を切っていますね。更新したほうがいいです」と言われて、あせってしまった。

市内のホテルにチェックインした後、急いで近くの区役所に向かった。パスポート申請用紙や印紙を用意して申請しようとしたら、「発行まで1週間かかる」と言われた。もし1週間もかかったら、次のバンコクでの調査はできなくなるのが目に見えていた。私は事情をよく説明して、「なんとか3日以内に発行できないか」と職員に交渉した。最後は部長に回してくれて、2日に短縮してもらうことができた。

この二つの話は、「マニュアル通りに動く（マニュアル通りにしか動けない）日本人」と「融通が利く韓国人」の姿を典型的に説明している。

日本では、どの組織でも決めたルールを守ろうとする傾向が強いが、韓国では縛りを緩くする傾向が強い。韓国では仮に決めたルールをはみ出した場合でも、それほど大きな問題がない限り、大目に見てくれる。だから、接客や営業で予想外の事件が起きても、融通を利かして自分の判断で決められる部分も多い。しかし日本人はマニュアルをはみ出した場合、まず自分で判断しようとしないで、上司に相談し、その指示を待つだけだ。

韓国のレストランでは、お客の好きな席に案内してくれる場合が多い。もし座った席が気に入らなかったら、スタッフはすぐに席を替えてくれる。しかし日本ではお客の好き嫌いよりも従業員の働きやすい順に案内しているように見える。仮に席を移るにしても、スタッフではなく、マネージャーの許可をもらってから判断する。もし韓国のレストランで、お店側の都合でスタッフの動きやすいようにお客を案内したら相当のクレームが来るはずだ。だからかもしれないが、韓国のレストランはランダムにお客が座っているように見えるし、日本では一ヵ所に集中しているように見える。

もし私がヒラのサラリーマンだったなら、日本の会社では働きたくない。いくら給料が高くても、縛りがきつく、ストレスで胃がもたれそうな組織環境で働きたくないからだ。それよりは多少給料が安くても、韓国の会社のほうが気持ち的にラクだろう。しかし私が社長になるなら日本の会社で働きたい。日本の会社はマニュアルさえつくっておけば、指示通りに社員が働いてくれるからだ。とても都合のいい話に聞こえるかもしれないが、韓国人と日本人の性格の違いを表す話だ。

日本人の友達と一緒に韓国へ遊びにいった時、夜中に歩行者用の信号が青になっても、車が信号無視をして平気で横断歩道を走り抜ける光景を3回も見かけた。夜中ならソウル市内のどこでも見られる光景だろう。それを見た日本人の友達は、「韓国人は法律を守らない人が多いね」と言った。もう一人の韓国人の友達は、「赤信号になった時、横断歩道の左右を見て誰もいないなら、そのまま走っていってもいいじゃない？　誰にも害を与えてないから」と言って、少し言い合いになった。

忙しい現代社会においてすべてのことでルールを守るのは息苦しいだけで、他人に害さえ与えなければ融通を利かして、決めたルールを守らなくてもいい時もあると考えている韓国人は日本人より多い。夜中に運転することを含めて生活や仕事上のささいなことなら、なおさらのことだ。もちろん、韓国人の中でもルールをきっちりと守ろうとする人もいるが、日本人に比べれば少ない。

ケビン・コスナーは、アカデミー賞を受賞した『Dances with Wolves』では監督として他の俳優を指示する立場にあったが、『Robin Hood』では監督の指示を受ける俳優の立場だった。情報化、グローバル化が進む現代は個人や組織の立場は固定されるものではなく、流動的なものに変わりつつある。それだけに一つの考え方だけに執着すると、生き残れないかもしれない。社会や組織全般を運営するに際して決めたルールを守ることも、マニュアルをつくり、突然の事態の変化への対応に準備することも大事だが、柔軟性をもって融通の利く行動をとることも必要となってきている。

「万が一」より「なんとかなる」

世界各地へと飛び回ると、思わず「今まで見たこともない」という言葉が出るぐらいきれいな街に出会うこともあるし、「ここは人間の住むところなのか?」と思うほど汚い街でご飯を食べることもある。

その街の風景や印象は建物だけではなく、街中に掲げてある広告塔や看板、交通標識が決める。マドリッドへ行けば知らないスペイン語で書いてある派手な看板、カプリ島に行くとおしゃれに書いたイタリア語の看板、そしてパリに行くとシックなフランス語の看板。言葉は理解できないかもしれないが、街の雰囲気を十分楽しめるだろう。

「韓国と日本の街の印象は何が違うだろう?」と問いかけた時、私の頭にまず浮かぶのは看板だ。ソウルの街では、大きい文字で書かれている派手な原色の大きな看板が目に入る。東京の街では、小さな文字で書かれている小さな看板がたくさん目に入って、全体的に雑な印象を受ける。韓国では建物一つ一つが比較的大きく、一つの建物に入っているテナントの数も日本に比べれば少ないために、看板も大きくなる。しかし日本は建物一つ一つが小さく、狭いお店がたくさん入っているために看板が小さくなり、全体的に雑に見える。

看板だけではなく、広告塔や交通標識も違う。韓国の交通標識は文字数も少なく、比較的シンプルに書かれているものが多いが、日本はとても複雑だ。一つの交差点に4つも5つも小さな標識がぶら下がっていて、地名や道路番号や道の案内まで絵と文字を入れて表記してあるからだ。

また韓国の路地には一方通行かそうでないかの標識だけがあるが、日本の路地には一方通行の標識の下に「自転車を除く」など多くの情報が書いてある。機械式駐車場を見ても、韓国では注意事項や説明がシンプルに書いてあるが、日本では注意事項や駐車方法がたくさん書いてあって、内容を理解するのに時間がかかる。

韓国の街が日本の街に比べて雑に見えない、もう一つの理由は、韓国では日本ほどステッカーがないからだ。韓国では「注意事項」「××禁止」のステッカーが街全体に少ない。駅のホームにも韓国では禁煙のマークがいくつかあるだけだが、日本では禁煙マークが5m間隔に床、壁に貼られていて、しつこいぐらいだ。電車の中吊り広告を見ても、韓国では文字数も少ないが、日本では電車に乗った瞬間、広告の文字で目が痛くなるぐらい情報があふれている。

私が通っているフィットネスクラブのトイレには、便座クリーナーの使用方法まで書いてあるステッカーがある。

「1・図のように、トイレットペーパーを10㎝ほど切ってください。2・便座クリーナーのボタンを押してください。3・便座を拭いてください。4・便器にそのまま捨てて流してください」

韓国では見られないステッカーだ。

このように、日本では電車に乗っても、駅に行っても、トイレに入っても、なんらかのお知らせや注意事項のステッカーがある。韓国にもステッカーがないわけではないが、簡単なものが多く、一枚のステッカーに載せられている文字や情報量も日本に比べれば少ない。

なぜ、韓国と日本はこんなに違うのだろう。どうやら、危機感と責任問題に対する考え方が違うようだ。

日本人は、「万が一、こんなことが起きたら、どうする？」「責任をどういうふうに取る？」といった危機感を持つ人が多いようだが、韓国人は、「こんなことが起きてもなんとかなるだろう」という楽観的な考え方を持つ人が多い。だから、日本では全員がわかるように可能な限りたくさんの情報を提供し、読む人が内容を完璧に理解できるように、最大限の文字数を使って標識やステッカーに書いておく。韓国では単純明快に、最小限の情報を提供するだけだ。

日本人は効率的に社会を運営することを望むために、社会や組織が全般的にルールを決めて、従いたがる。それがいいことかどうかは別にして、理想的な社会運営のために構成員が守るべき規則や情報が絶対に必要だと考える。しかし韓国では、必要最小限のルールは決めるけれども、日本人のように縛りつけたり、管理したりはしない。縛りつけて管理することにも体力や能力が必要となるからだ。決まったルールに従おうとするより、利便性に合わせて例外を求める人が多いから、あえて縛りつけるような規則はつくらないのかもしれない。

ソウル・仁川空港の航空会社のラウンジの入り口。入ってくるお客が韓国人か日本人かはすぐわかる。入り口からまっすぐ広いラウンジへ向かって中へ入るのが韓国人、入り口に描いてある案内図をしばらく見てから入ってくるのが日本人。やってもいいことがたくさんあるから気にせず積極的に動きだす韓国人と、やってはいけないことがたくさんあるから気にしながら全体を把握してから動こうとする日本人の違いなのだ。

「謝る」より「白黒つける」

何年か前、大学のオープンキャンパスで社会人向けの講義があった。私は韓国について話をすることになっていた。ところが、講義とは別の研究会の日程が重なったので、事務局へ調整をお願いした。事務局の担当者からは「先生同士の話し合いで決めるように」と言われたが、その調整が面倒だったから、予定通りの日程で準備していた。

そうしたところ、日曜の昼前に大学から一本の電話が入った。「今日、先生のオープンキャンパスの講義日だったのですが」と言われた時、私の頭は真っ白になった。「えっ？　私の講義は再来週ですが？」と言って、状況を確認してもらった。

話を聞くと、私は自分で調整するのが面倒だからあきらめたが、事務局は気を使って別の先生と日程調整をしてくれていた。最終的に私も事務局も互いに確認をしなかったことで起きたハプニングだった。幸い、当日は別の先生が代講をしてくれたため、穴を開けずにすんだ。

翌々週の講義日。講義を終わって、何人かの方から質問を受けた。そのうちの一人の年配の女性から言われた一言で一発殴られた感じとなり、私は何も言えなくなった。

「韓国人はなかなか謝らないと聞いたのですが、それは本当ですか？　実は先々週、韓国の講義が聴きたくて来たのですが、当日、先生（私）がいらっしゃらず、別の国の話を聴きましたよ。少なくとも、講義の最初に謝りの一言はほしかったのですが」

帰り道に考えた。確かに韓国人は自ら謝る人が少ないかもしれないと思った。私の心のどこかに「講義日を調整してほしかったが、事務局から『調整できない』と言われたので、予定通り講義する準備をしていた。結局、事務局で調整してくれたが、私に連絡してくれなかったから起きた事件だ。私は悪くない」と思ったにちがいない。だから、講義の前に謝ろうとしなかったことに気づいた。

日本人の後輩と焼き肉を食べに行った時だった。焼き肉を食べ終わって、最後のシメに私はテールスープを、後輩は冷麺を頼んだ。後輩がトイレに行っている間に、注文したものがきた。私は後輩が冷麺を頼んでいないとカン違いして、「えっ？　冷麺は頼んでないですよ！」と言ったら、スタッフはすぐ「申し訳ございません」と何度も謝って冷麺をさげた。トイレから帰ってきた後輩が冷麺を頼んでいたことを思い出して、お店の人に謝ったことがある。

自分は間違ってはいないと思って謝らなかった私、自分の間違いでもないのに謝った日本人の後輩と店員。これまた、韓国人と日本人の考え方の違いを見せてくれるものだ。ある問題が起きたら、日本人は本人の間違いではなくても、組織の一員としてまず謝ろうとする。事態を悪化させず、互いの妥協点を探したほうがより賢明だと思うからだ。しかし韓国人は、自分は悪くないと思ったら、絶対に謝ろうとしない。妥協してしまえば自分の非を認めることになるからだ。それよりは、誰が悪くて、誰が正しいのかをはっきりさせたがる。「チェミョン（メンツ）」を重視し、論争好きな性格を持っているからだ。

韓国人は人前で自分の意見をはっきりと言える、議論好きな国民だ。ソウル市内の屋台では、仲間たちと政治問題を熱く語っている大学生やサラリーマンの姿を見ることが珍しくない。タクシーに乗っても、運転手はお客と政治問題を熱く語る。

韓国人が政治や議論が好きなのは、最近の話ではない。日本では鎌倉時代から徳川時代までの長い間、武士が文化・社会・経済を握ってきたが、韓国では、李氏朝鮮（1392〜1910年）の頃から、武士よりもソンビという学問を追究する人々が中心となった。人々から尊敬・尊重されるため、ソンビになることが出世の近道だった。そのため、子供たちは幼い頃から、「ソダン」（子供に漢文を教えていた私塾で、日本の寺子屋に似ている）という学校で、中国の孔子、孟子などの政治思想を勉強していた。

政治や議論好きの韓国人は「自分が正しい」と思ったら、最後まで自分の意志を貫こうとする。ただし、そこにも例外がある。「ウリ（われわれ）」という身内の場合は違う。韓国人はウリという身内意識が非常に強い。そのために、同じ故郷出身の地縁、血縁、小学校・中学校の先輩という学縁の中で、親、先輩、先生などのいろんな形の人間関係や序列関係ができる。その関係の中で問題が起きれば、たいていは序列の下の人間が謝り、目上の人もそれを許し、互いに妥協点を探そうとする。しかし、いったんウリを越えて「ナム（他人）」になると、そう簡単に妥協点を探せない。だからこそ韓国人は、人間関係をつくる時に、まずウリとナムを区別したがるのだ。

「会議」より「電話」

大学に勤務してから、知人や初めて会う韓国人によく言われることがある。

「韓国人が日本の会社に勤めようとすると大変でしょう？」

「韓国人であることで、日本の会社で差別を受けたことはないですか？」

大学に勤めてから9年がたつが、韓国人であることを理由に差別を受けたことは一度もない。それより、考え方の違いでうんざりさせられることはたくさんある。日本人が間違っているとか、韓国人が正しいとかというよりも、韓国人の私の考え方が根本的に日本人のそれと違うからだ。

就職して間もない頃、ある同僚の先生が研究室を訪ねてきた。

「お話がありますが、明日、時間をちょっとつくっていただけますか？」

と言われた。就職したばかりの私に初めて声がかかったこともあって、緊張しながら約束の時間に、その先生の研究室を訪ねた。

「実は、××をする予定ですけど、教授会で賛成の意見を積極的に述べていただけませんか？」

と言われた時は、私は発狂しそうになった。

「落ち着いて！　落ち着いて！」と自分の感情を抑えながら、「ちょっと、考えてみます」と言って研究室から出てきた。授業もない日に、2時間かけて大学まで出かけてきて聞いた話は、たった5分で済む話だった。それ以降も、職場の先生からこの類の誘いを受けた。そのたびに、「それぐらいなら、会議や打ち合わせを開かなくてもいいのに……」「なんでメールや電話じゃダメなの？」と思った。

日本では会議や打ち合わせ、話し合いがかなり多い。完璧を求める日本人は、あらゆるケースを想定して、それぞれのケースに応じて、どのように対応しなければならないのかを丁寧に検討しようとする。また、みんなの意見を受け入れ、より公平に組織として意見をまとめ、個人が負う責任問題を最小限に止めようとする。だから、全員で話し合いをした上で結論を出そうとすることが多く、会議や打ち合わせが多くなる。

しかし韓国では、日本に比べれば会議や打ち合わせは少ない。基本的かつ重要な事項だけを全体で議論して、細かいところは担当者の裁量に任せることが多いからだ。重要な事項がある時は全体会議を開いて全員の意見を聞いて決めるが、それほど重要な議案ではない場合は、メールや電話で調整してまとめる。顔を見て相談をするまでもなく、電話やメールでもコミュニケーションは十分とれるからだ。面倒なことよりも便利なことを優先する韓国人の性格を表すものだ。

韓国の大学に勤めている日本人の先輩とお酒を飲んだ時に、「韓国の大学ってどうですか?」と聞いたら、「まず会議が少ないから非常にラクだね。打ち合わせはほとんどないよ。でもトップダウンでくる議案が多いよ。それはちょっと戸惑いもあるね」と話してくれた。

韓国で会議が少ないもう一つの理由は、韓国人は前例を恐れないからだ。日本では前例がない問題が起きたら、どのように対処すればいいのかを慎重に議論した後、最終的に組織として公式な方針を決める。いったん方針が決まったら、よほどのことがない限り、根本的な方針を変えることはない。方針が決まるまで練って、練って、そして結論を出すから、最終的な結論が出るまで時間がかかる。

しかし韓国では、前例がない問題が起きたとしても、大騒ぎしないで済む場合が多い。まず問題が起きたら、被害があるかどうか、その被害がどのようなものなのかを考えて、害がさほどでないものならば、大きい問題にしない。対処方法を考える場合でも、いろんなケースを考えたり、どの解決方法がより効率的かを悩んだりして時間をかけるよりも、早く結論を出せる方向へと考える。

万が一、結論を出した後で再び問題が発生した場合でも、そのつど状況に応じて対応するのが効率的だと考える。韓国人は、一つの仕事を完璧に処理しようとする日本人の考え方とは違って、より多く仕事をこなし、問題が発生すればそのつど対処しようと考える。このように、韓国では会議や打ち合わせが少ないために、一つの議案が出て、それが決定されるまでの時間も日本に比べて短く、即断即決の人が多い。だから昨日までの会社の方針が今日から違う方向へと急に変わる場合も少なくない。

私は、時間的に早く異国の地へ運んでくれる飛行機が好きだ。以前は、韓国系の航空会社をよく利用したが、いつからか日系企業をメインに使うようになった。その理由は一つ。韓国系企業のマイレージプログラムの改定があまりにも頻繁だから、旅行計画を立てられなかったのだ。どの航空会社もルール改定はあるが、大幅な変更は少なくとも毎年するようなものではないのに、韓国系企業は毎年のようにルール改定をしていた。いろいろ考えて完璧なルールを作りたがる日本人。早い決断でそのつどルールを改定する韓国人。それも文化の違いだ。

第４章　カン違いしないで

他人より家族にやさしく

日本では、「身内には厳しく、他人にはやさしく」という言葉をよく聞くが、韓国では「他人より家族にやさしく」という言葉がある。韓国のこの言葉は、身内で大事にされない人は外でも大事にされないという発想から生まれた言葉だ。

日本人は他人の行動に対して陰で悪口を言うことはあっても、人前で注意することはない。一方、韓国人は他人の行動とはいえ、それが正しくないものなら、人前でも注意する。しかし身内、特に子供のことになると、それほど厳しくならない。

韓国に住んでいる私の姉は男1人と女2人の3人の子供を育てている。何年か前、私が帰省していた時の話だ。小学校に入ったばかりの甥は、近所の同じ年頃の子供たちと遊んでいるうち、おもちゃの取り合いから言い合いになって、ケンカしたらしい。そして、先に相手に殴られた甥が、2つも年上の子供をボコボコに殴ってしまった。

姉の家の玄関ベルが鳴り、私がドアを開けたところ、ティッシュを鼻に詰め込んで、目の周りがパンダのようになった子供と、その親が立っていた。事情を聞いた私は丁寧に謝って、後で帰宅した姉を謝りに行かせた。

夜、帰宅して事情を聞いた家族は、私も含めて誰も甥を責めなかった。「2つも年上の人を殴ったの！　大したものだ」と笑うおじいちゃん。「殴られるより、殴ったほうがいいよ。後の責任はお父さんが取るさ」とほめる兄。「立派だね」とお尻をなでるおばあちゃん。姉だけは「ちょっとやりすぎよ」と怒ったふりをしたが、本当に怒ったようには見えなかった。私も心のどこかで同じ気持ちだった。きっと、相手の親は、「馬鹿みたいに、相手に殴られてきたのか？」と子供を責め、「次回からはケンカしたら相手に負けるなよ」と言い聞かせていたに違いない。

外でケンカしてきた子供に対して、日本人の親は「相手を殴るより殴られてくるほうがいい」なんて言う人も多いようだが、韓国人の親は、「どうせケンカするなら、殴られるより殴るほうがいい」と思う人が多い。人を殴るという行為を、日本人は「相手に迷惑をかける行為だ」と解釈するかもしれないが、韓国人は「勝負に勝った、男らしい」と解釈するからだ。

子供の頃から、日本人は、「どんな場合でも他人に迷惑をかけるな」という言葉を聞かされながら、やってはいけないものをたくさん教えられ、厳しいしつけ教育を受けてきた。しかし韓国人は日本人のようには、やってはいけないとたくさんのものを強要されない。もちろん、韓国にも家庭教育というしつけ教育があるが、それは子供を縛りつけるより、人間として持つべき思想や考え方を教えたり、子供本来の自由を与えたりする場合が多い。そのせいか、韓国人は大人になっても、なかなか人の言いなりにはならないのだ。

日本人の友達が私の実家に遊びに来た時があった。たまたま、私の愛する姪と甥3人も夏休みで、遊びに来ていた。私と友達は3日間、彼らの面倒を見る羽目になったが、彼らはとにかく話を聞かない。家の中を走り回り、ご飯を食べる時も落ち着きがない。結局、友達は日本に帰って、寝込んでしまったようだ。それでも友達は「韓国の子供はまるでジャングルで遊び回っている虎だよ」と笑っていた。

韓国人の先輩が来日し、一緒に電車に乗ろうと駅のホームに着いたところ、黄色の帽子をかぶった可愛い幼稚園児が20人ぐらい4組に分かれて静かに座って、電車を待っていた。電車に乗っても、引率する先生は幼稚園児を空いているイスに座らせるのではなく、車両のコーナーに集めた。幼稚園児とは思えないほど静かで、礼儀正しく、韓国人の先輩はびっくりしていた。「どう指導すれば、あれほど静かになるのだろう？　私の妻にも教えてあげたいね」と首を傾げていた。電車内での幼稚園児の行動は、ジャングルで遊んでいる虎のような韓国の子供とまったく違う様子だった。

韓国人の子供をジャングルで遊ぶ虎だとすれば、さしずめ日本人の子供は「部屋で座っている猫」と言えるかもしれない。「日本人の親のしつけ教育は厳しいわよ。子供を縛りすぎて、かわいそうよ」と言った焼き肉屋の韓国人の店主、「韓国人の親は子供を甘やかしてよくないわ」と言った行きつけのカレー屋のおばさん。子供の育て方にも文化の違いがあるのだ。

韓国人の親が子供に望むのは、他人に迷惑をかけないことではなく、他人に対して肩身が狭くならないこと、他人に対して臆さないこと、自信のある態度を取れること、遠慮ばかりしないことだ。それは、負けず嫌いの韓国人の性格を表すものかもしれない。

「ヌンチがある」と嫌われる

「今日は暑いですね」

この言葉に対する理想的な答えはなんだろう？

日本人にしてみれば、「そうですね。今日は30℃もあるらしいですよ」より、「クーラーつけましょうか？　窓を開けましょうか？」という反応だろう。日本人は額面通りにしか会話のできない人よりも、言葉のウラを読む、気の利く行動を取る人を偉いと高く評価するからだ。相手がツバを飲み込むところを見て、何も言わずに水を差し出す日本人、日差しが強くてまぶしそうにする人にカーテンを閉めたりブラインドを下ろしてくれる日本人の気遣いは、韓国人にはなかなかマネできない。

韓国と日本では、組織社会を支える根本的な考え方が違う。当然のことながら、社会が求める理想の人物像も違ってくる。日本の会社組織でもっとも理想的とされる人物像の一つは、気配りのできる人、気の利く人だろう。

韓国では、「ヌンチがある」「ヌンチがない」という言葉をよく使うが、それは気が利くかどうか、表情、そぶり、イヤがる気配や気色などを読めるか読めないかという意味だ。気の利く行動は日本ではプラスイメージで評価される場合が多いが、韓国では必ずしもいい意味だけでとられない。むしろ、悪い意味でとらえられる場合もある。

組織の中で意見が割れたり、構成員同士の関係が悪くなったりした時、立ち入ってその場の空気や人間関係をうまく取りまとめるのは、ヌンチのある人の評価の一つだ。また「雑巾を洗っておいてよ」と言われて雑巾を洗うだけではなく、家の床まで拭く人、「釣りえさを持ってきて」と言われてミミズだけ持ってくるよりも、ミミズを釣り竿につけてくる人が、ヌンチが早いとほめられる。

このように、ヌンチがある人はほめられ、ヌンチがない人は歓迎されない場合もあるが、上司、先輩などの目上の人の前で、自分を抑えて、相手を立てたりする人を見て、「巧みにウソをついて相手を安心させる行為だ」とマイナス方向へと考える人もいる。また、ヌンチが早い人は、今の状況や今後の展開を事前によく把握して、今後の対処方法を考える。その行為を、自分に得になるために利用するという意味でとらえられる場合もある。韓国の童話やおどけ話でも、ヌンチがある人は浅知恵や計略を持った人、善人に被害を与えて自分だけ得をする悪い人と描かれている場合が多い。

日本人の友達の家でパンを食べていた時の話だ。友達が「クロワッサンとチョコレートパンのうち、どちらを食べるか？」と聞いてきたので、私はクロワッサンを取った。しばらくして友達は「チョコレートパンを食べてみて？」と渡そうとしたが、私はチョコレートが苦手だったから断って、自分のクロワッサンを全部食べた。

後でわかったことだが、友達はどうもクロワッサンを味見したかったようだ。それなら「クロワッサンをちょっと食べさせて」とストレートに言えば、私は分け合っていたのにと思った。友達はきっと、自分のものを相手にあげたら相手も自分にくれることを期待してチョコレートパンを差し出したはずだが、私の口からは「クロワッサンも食べて」という答えは返ってこなかった。予想外だったかもしれない。

いいか悪いかは別として、ヌンチがあるかないかは、人の行動や言葉のウラを読めるかどうかという意味でとらえられる。韓国人は比較的にストレートな表現を好むために、必ずしも言葉のウラを読む必要がない。額面通り受け取ればいい場合も多い。しかし日本人は気を使う文化で育てられてきたから、当然、言葉のウラを読む能力が韓国人よりは優れている。韓国人が日本人と付き合う時にかなり苦労する理由の一つも、相手の行動や言葉のウラを読む能力が乏しいからだ。

彼女とデートしている最中、男友達から「今から一緒に、ご飯を食べないか?」との電話がかかってきた。その男友達は彼女とも仲のいい友達だったから、彼女に「××からご飯の誘いがきたけど、どうする?」と聞いたところ「どちらでもいいよ」と答えてくれたので、一緒に食べることにした。

しかし後でわかったが、彼女は私と二人きりでご飯を食べたかったようだ。だったら「イヤだよ」と言ってくれたら、私は男友達の誘いを断った。ところが、「どちらでもいいよ」と曖昧な返事だったから「どちらでもいい＝ＯＫ」という意味にとってしまった。よく考えたら、彼女が積極的に一緒に食べたかったなら、「いいよ。呼ぼうよ」とはっきりと言ったはずだったが、私はそこまで気が回らなかった。今でも、日本人の言う「どちらでもいいよ」という意味を解釈するのに一苦労する。

飲み会で、日本人の知人は、「韓国人とビジネスやプライベートで付き合う時、相手の言葉や行動のウラを読んで行動を起こしても、予想外の結果に終わる場合が多いよ」とつぶやいた。ストレートにものを言う韓国人にとって、ヌンチの中に「ずるがしこい」という意味があるから、それを好まない時もあるということを忘れてはいけない。

主人公が仕切る誕生日

異国の地である東京で暮らして15年もたった。毎年、私の誕生日になると、必ず朝、釜山からかかってくる母からの電話で目が覚める。受話器の向こうからは、

「ミヨッグック。モゴンニャ？」

と釜山なまりの韓国語が聞こえてくる。

「わかめスープ食べた？」という意味だ。韓国では誕生日になると、家でわかめスープを作って食べる慣習がある。もともとは、子供を出産した母親がわかめスープを食べる慣習からきたようだ。わかめ自体に、出産した女性が必要とする栄養素がたくさん含まれているとい

う理由と、ヌルヌルしたわかめのように、子供が順調に生まれてくるようにとの期待を込めているという理由で食べていたようだ。

朝、コンビニで買ってきたインスタントのわかめスープを飲みながら、来日した頃を思い出して苦笑いをした。来日2年目、付き合っていた彼女から、誕生日プレゼントでバーバリーの傘を買ってもらえることになった。誕生日当日、プレゼントを楽しみにしながら、ラッピングをはずした瞬間、私は思わず、

「え！　これじゃない」

と口にしてしまった。私がほしかった傘は定番のものだったのに、彼女はそれより値段の高い傘を買ってくれたのだ。

「これ、ちょっとジジくさくない？　定番の安いものでよかったのに」

とブツブツ言ったら、彼女は「じゃあ、交換すれば？」と言ってくれた。

翌日、私は、もらった傘をほしかった傘2本に交換してきた。もらった傘は定番の傘より2倍も値段が高く、色違いの2本の傘に交換できた。夜、傘2本を見た彼女は、

「本当に交換してきたのね。信じられない」

と啞然とした顔をした。私は、「2本買ったから、1本ずつにしよう。どの色がいい？」

とペアの傘を持てたことでうれしかった。

私はほしいものが手に入ったことでうれしかったが、彼女は相当ショックだったようだ。当時は、「なにがショックなのかな？」と彼女があきれる理由がまったく理解できなかった。日本人はプレゼントを贈る側の人の気持ちを大事にするようだが、韓国人は本当に相手がほしがるものを大事にする。プレゼントに対する考え方の違いから起きたハプニングだった。

韓国人は、友達の誕生日に、何がほしいのかをまず聞いて、プレゼントをあげる場合が多い。極端な場合は「もし気に食わなかったら、別のものに交換してもいいよ。お店の人に伝えておいたから」と言ってプレゼントを渡す人も少なくない。プレゼントをもらった本人が気に入れば問題ないが、気に入らなかった場合はお店に出向いて自分の好きなものやサイズに交換する人も少なくない。

そして次に友達に会った時に、「これ、このあいだもらったプレゼントを交換したものだけど、どう、似合う？」「ああ、このほうがいいね」「そうでしょう。ありがとう」と、あげた人ももらった人も喜びながら仲よく話す。「相手のために買ってあげたい」という満足よりも、「相手が本当にほしいものを買ってあげたい」という満足を大事にする気持ちが強いからこそできる行動だ。

本当にほしいプレゼントをもらいたい気持ちを優先する韓国式の習慣は、結婚でも見られる。結婚する新郎・新婦は、「実際にほしい品目リスト」を友達に渡して、友達は手分けしてプレゼントする場合が多い。

来日して間もなく、仲のいい日本人の友達の誕生日パーティに呼ばれたことがあった。それまで日本人の誕生日パーティに呼ばれたことがなかったこともあって、ちょっと緊張しながらパーティに参加した。当日は、いろんな日本人の知り合いもできて楽しく飲んでいた。

ところが、終わりの時間になると、幹事の一人が、「一人3000円お願いします」と言ったセリフにわが耳を疑った。「え？　一人3000円もらえるの？」と思いながら、隣の友達に「3000円払うの？　もらえるの？」と聞き直したら「面白いこと言うね」と笑われた。「え？　誕生日に招待しておいて、カネまで取るの？　ありえない！　ドケチ！」と思いながらおカネを払ったが、いい気分にはなれなかった。

しばらくたって、私の誕生日になった。私は、「来週は私の誕生日だから、家でパーティするけど、来ない？」と仲のいい友達に声をかけたが、辛口で鳴らす一人の友達に、「あなたって、おこがましいわね」と笑われた。辞書で「おこがましい」という言葉の意味を探した私は「なぜ！」と思いながら、機嫌が悪くなった。

自ら誕生日パーティを企画した私の行動は、「祝ってもらいたい」と積極的に周りに伝えたことで、図々しく思えたに違いない。それでも当日は6人ほどが集まって、焼き肉パーティをして楽しく飲んだ。帰り際に友達の一人がおカネを徴収しようとしたから、私は止めさせた。私の誕生日は韓国式でやりたかったからだ。

韓国では、誕生日パーティを企画するのは誕生日を迎える当事者だ。日本のように友達に企画を任せるのではなく、自ら企画して楽しむ。だからパーティ会場をどこにするか、何人の友達を呼ぶかは、全部本人が決める。「あいつは呼びたくないな」と思ったら呼ばなくていいし、「あいつはぜひ呼びたい」と思ったら根回ししてまで参加を呼びかける。また飲み食い代金は、誕生日を迎える本人が持つ。ケーキにロウソクをつけ、「Happy Birthday to You」の歌が終わった瞬間に、誕生日を迎えた人の顔に丸いケーキをくっつける。顔中が白いクリームだらけとなった姿を写真で撮ったりして、飲み会は延々と続く。

私は来日してから、たくさんの日本人の友達や知り合いができたおかげで、日本式の誕生会に慣れてしまった。日本に来て、一度も顔に生クリームのケーキをくっつけられたことがない。だから、新宿区大久保にある焼き肉屋で、韓国式の誕生会で顔が真っ白になった若い留学生を見ると、懐かしいと思えるのだ。誕生日プレゼントを選ぶ人の気持ちより、もらう人の気持ちを大事にする韓国人、そして人に祝ってもらうよりは自ら祝おうとする韓国人。それは、ある意味で合理的かもしれない。

巫女は人生のコンサルタント

釜山へ帰って、家族と久しぶりの晩ご飯を楽しんでいた時だった。ニュースを見て、私は思わずふいてしまい、ご飯粒が部屋中に飛んで、親に怒られてしまった。

「ロット（宝くじ）」占い師が詐欺で刑務所行きという事件だった。J氏（49歳）は、2006年4月から最近まで、ソウル市内のオフィスで、「大当たり仙女占い師」という仏殿を運営していたが、占いを見てもらいに来たお客に、「私は霊が降りた仙女占い師で、献金すれば神に祈り、ロットくじの1等の当選番号を教えてあげます」と言って、おばさん7人から14億2800万ウォン（約1億7200万円。100ウォン＝12円4銭で換算、以下同）を騙し取ったというのだ。被害者は主婦がほとんどで、なかには借金したために離婚に追い込まれた人もいたという。この話を日本人にしたら、唖然としながら、ありえないという表情を見せた。

しかし、「占い」「ムダン（巫女《みこ》）」「グッ（巫女が神に祈り願う儀式）」なしでは、韓国の社会・文化を語ることはできないだろう。韓国で占い師や巫女は特別の意味を持ち、それを信じる気持ちは宗教を信仰するのに近い。昔も現在も変わらず、年寄りから若者にまで強く信奉されている、韓国社会に強く根付いた一つの文化なのだ。日本でも「新宿の母」や「細木数子」などの有名な占い師がいるし、公園や道端などで占い師を見かけることは珍しくない。しかし、占いを信じる韓国人の気持ちは日本の比ではない。

その国の宗教がどのぐらい力を持っているのかを理解するためには、聖職者がどれぐらいいるかが参考になるだろう。占いの聖職者とも言える巫女の数は、韓国巫女業界に登録されているだけで10万人ぐらいいるそうだ。しかし登録しないで活動している巫女はその2～3倍もいるようで、およそ20万～30万人の聖職者がいるわけだ。ちなみに、キリスト教の牧師は3万～4万人だけ。巫女は牧師の7～8倍も多い。

韓国の都市のほとんどは山を挟んで立地しているが、どの都市の峠に行っても「仙女」「仏堂」「巫女」という看板が目立つ。ソウル市内でも、山の峠にあるハンナン洞、オックス洞、クンホ洞、ミアリ峠などに行けば、たくさんの占い師が集まっていることを実感できる。巫女たちは名山を訪ね、山の奥に入り、何時間もかけてグッを行う。巫女たちはロウソクの火を消さずにそのままにして帰るから、山火事が相次いで、巫女たちの入山を禁止している所もある。彼女たちは、今もこっそりとまた山の奥に入り込み、祈り願い続け、火事を起こす場合もあるのだ。

高校生やその親にとって、大学受験は何より重要なイベントだ。受験戦争で勝ち抜くために、巫女を訪ねる親子は少なくない。高校3年になって、担任の先生と進学先を相談した後、受験したい大学が浮かび上がったら、次に行くのは巫女のところだ。大当たりする占い師に見てもらって、志願書を出す大学を絞る人も少なくない。実際に、私もそうした一人だ。

結婚をする時も、巫女を訪ねる。二人の相性がいいのかどうかを見てもらい、最悪の場合は結婚話が白紙となることもある。近所のおばさんが、息子の結婚に猛反対をした。その理由を聞いてみると、よく当たる占い師に二人の相性を見てもらったら、最悪だったからだ。「結婚したら、家に悩みごとが絶えない」という巫女の一言で、結局、破談となった。病院に行っても治らない病気にかかった患者も、巫女に頼ることもある。不治の病気を治すために、高いおカネを払って何日もかけてグッを行う場合もある。霊が巫女の体に入り込んで、その力で患者を治そうとするのだ。

結婚してから夫が浮気した時も、巫女へ走る。二度と浮気できないように、相手の女と別れるように呪いをかけてもらったり、対処法を教えてもらったりする。たとえば、枕の下に、特殊な文字を書いたもの（ブジョク）を隠しておくなど。若くして結婚した同級生の夫の浮気がばれて、精神が不安定になっていた時、周りの友達から「大当たりする巫女さんのところへ行きましょう」と誘われて一緒に出かけていった。そして、生年月日と生まれた時間を教えると、巫女は処方箋を教える。「今週グッをすれば治るから、大丈夫よ」という一言で、浮気された彼女は精神的にラクになる。

『帰ってきてスンエさん』『チャングムの誓い』など数多い韓国ドラマでは、必ずと言っていいほど占い師や巫女が登場する。そして主人公の未来を予想し、ストーリー展開に重要な役割を果たす。それほど占いは韓国社会に根深く息づいている。ＩＴへ没頭することと、シャーマニズムを信奉することの両立ができるのが韓国だ。巫女と占い師は、韓国人にとって悩みごとの相談相手としてのカウンセラーであり、悩みを解決する処方箋を渡してくれる人生のコンサルタントでもある。だから韓国の病院に精神科という看板をなかなか見つけられないのかもしれない。

人生はＩＴへ

特別に約束や目的がなくても、私はバスに乗って街をブラブラすることが好きだ。乗ったり降りたりする客層を見ながら、その街の雰囲気を楽しめるからだ。

池袋駅から都営バスに乗って浅草へ向かった。バスが走りだして20分ぐらい経った頃、バス停の近くで運転手がクラクションを鳴らした。一番前の座席に座っていた私が「なんだろう」と思って前方を見たら、女性２人がバスのほうへ向かって歩いてきていた。その後、バスに乗った彼女たちの会話を聞くと、２人とも韓国人だった。

ソウルの病院の受付前で診察の順番を待っていた時、自動販売機の前で、妙な行動をする人に気がついた。韓国では病院や会社などの休憩室に、コーヒーの自動販売機が置いてあるところが多い。そこでは缶コーヒーではなく、インスタントコーヒーが飲める。私が見ている間に、５～６人がコーヒーを買っていた。ところが、ほとんどの人がコインを入れて、すぐコーヒーカップを出すドアを開ける。そしてランプが消えてもいないのにカップを取り出し、去っていった。仁川空港のトイレでは、笑えない光景を目撃してしまった。用を済まして便器から離れようとしたところ、トイレに入った途端ズボンのチャックを下ろし、便器まで達しないうちに、すでにイチモツを出していた大人を見かけたのだ。

韓国では、バス停の前でも、自動販売機の前でも、トイレの中でも、私の見たような光景に出くわすことはそう珍しくない。いずれも、待たされるのが嫌いで、気が短い韓国人の性格を表す行動だ。

韓国でIT産業が早くから発達したのも、こうした韓国人の性格を反映したからだと言えるだろう。2001年に250万人だったADSLの契約者は、日本の29万人よりはるかに多かった。2006年現在、韓国のパソコン保有率は53％で日本の54％とほぼ同じだが、インターネット利用者率は68％で、日本の52％よりも高い。特に若い世代の利用率は日本を大きく上回る。

「ネティズン」とは、サイバー空間の市民という意味のインターネット用語で、韓国でよく使われる言葉だ。韓国ではニュースやテレビドラマが終わったら、画面にはホームページのアドレスと、「視聴者の意見を募集する」という字幕が流れる。それを見た視聴者はホームページにアクセスして、いろいろな意見を率直に書く。そこで書かれた意見は番組の制作方針やストーリーまで変えさせるほどの力を持っていて、大事にされる。クレームブログが多い場合は公式に謝る場合さえもある。

冬のオリンピックのショートトラックスケート競技で、韓国選手がアメリカ選手の反則によって金メダルを逃したことがあった。それに反発したネティズンは一斉にインターネットへアクセスして、競技のブログを作った。そして、反則をした選手とレフェリーに集団抗議をしようと、アメリカの公式ホームページに集中的にアクセスして、実際にシステムをダウンさせたこともあった。

ネティズンの力が非常に強いために、芸能界から追放された人も少なくない。短期間でダイエットに成功した女性のお笑いタレントが世間の注目を浴び、彼女のダイエット成功の秘訣という特別番組が流された。ところが彼女はダイエットで痩《や》せたのではなく、脂肪吸引手術を受けていたことが暴かれ、インターネットや番組のブログには彼女に対するクレームが殺到し、社会問題にまでなって波紋が広がった。

結局、彼女は出演禁止となって、テレビ画面から消えてしまった。しばらくたって彼女が復帰するという噂が立ったが、それを耳にしたネティズンの間で、「まだ早い」「いや、大丈夫だ」という議論がヒートアップした。そのために、「彼女を単発で出演させ、ネティズンの反応を見て、彼女の復帰を認めるかどうかを判断する」とまで公表した。

このように、韓国ではネティズンの力が強いために、いくら人気のある芸能人だとしても、インターネットの力を非常に怖がる人が多い。プライベートな時間帯にファンに道端で会って握手やサインを断ったら、その日のうちにインターネットのブログにクレームや批判のコメントが書き込まれる。だから、韓国の芸能人は仕事を続ける限り、プライベートで会った人々にまで媚を売らないといけなくなった。

「気が短い性格」だから、発達したＩＴ文化を通じて韓国社会はいろんな意味で急速に変わった。もちろん、すばやい情報の提供、すばやい商取引などのメリットもあるが、ＩＴを通じて生まれるはずのビジネスチャンスが死んでしまうケースも少なくない。動画や音楽の無料ダウンロードが音楽市場の売り上げを圧迫している。ＩＴの情報料をとることには批判的で、無料を要求するため、有料サイトは強く批判されることさえある。

午後1時。ソウル市内のあるオフィスの中。クリスマスでもないのに、サンタクロースが現れ、オフィスの中にいる人に向けて、名前を呼び続ける。サンタから箱を受け取って、うれしそうな顔をして、箱を開ける。

「それ、なに？」

「昨日ネットで買ったのよ。ダイエットにすごく効くんだって。すごくいいのよ。あなたも買えば？」

「いいね。そのサイト教えて」

オフィスの中では、インターネット販売で購入したものを互いにチェックしながら、昼休みを過ごしていた。ＩＴの発達は、昼間から市内のオフィスへ宅配のサンタを送り出す風景まで作りだした。日本よりも早く育ったＩＴ産業は、今後の韓国社会をまた大きく変化させるだろうが、今後、いかにＩＴをビジネスチャンスに生かせるかが課題だろう。

第5章　美人はエライ

ブスは罪

ソウルにいる韓国人の先輩と一緒に飲む時に、よく聞かれる質問がある。
「日本人の女性って、本当にブスですよね?」「きれいな人は本当にいないのですか?」「男はカッコいい人が多いのに、なんででしょうかね?」

このように、日本人の外見を辛口でいろいろコメントする。

中国・上海のカンファレンス(会議)に参加した。その後の飲み会で、某銀行の支店長が聞いてきた。
「韓国の女性って本当に美人ですよね?」「足もきれいだし、肌もピチピチですよね?」

韓国人女性をほめすぎじゃないかなと思えるほど、絶賛していたことが印象に残る。

私は、韓国人の女性はきれいで、日本人はブスなのかな?と疑問を持つ。

韓国人が美人で日本人がブスかはともかくとして、確かに言えるのは、韓国人女性の「美に対する執着」は日本人女性をはるかに超えるということだ。美しくなろうという気持ちが強いことと美しくなるために必死に努力する姿勢には、男の私でも頭が下がるほどだ。

学生時代、釜山へ帰省すると、姉はよく薄切りにしたキュウリを顔につけ、横になってテレビを見ていた。

「ねーさん。なにやってんの？」

「美白よ。美白。シワ寄るから、話しかけないでちょうだい」

時には、ハチミツとヨーグルトを混ぜた気持ち悪い匂いのする液体を顔に塗って、ミイラ状態にもなっていた。年頃の女性を身内に持つ韓国人なら、この光景は想像がつくだろう。姉は決して美人ではなかったが、とにかく毎日、美容に必死で、化粧にも1時間以上かけた。外出する時はまるで別人だ。そこそこ可愛い女の子に変身したからだ。

私の姉は特段、美に対してうるさい人でもない。ごく普通の韓国人の女性の姿だとも言える。なぜ、韓国人は美に対する執着が日本人以上に強いのだろう？

それは、美しさに対して韓国と日本が求める目標と価値観が違うからだ。韓国では、何につけても社会全体が求める理想像が存在する。「母親としての理想像」「父親としての理想像」「教師としての理想像」「生徒としての理想像」。

美に対しても同じだ。美人が持つべきものやその理想像がはっきりと存在し、女性はその理想像に向かって完璧な美人になろうとする。韓国では「ブスは罪」と認識される風習までできた。だから、時には整形をしたり、時には化粧を変えてみたりして、自分をもっときれいに見せようと頑張る人が多い。

美の象徴である化粧品メーカーのモデルにどのようなタイプを採用するのかを見れば、その国の女性の美意識を読みとることができる。韓国の化粧品メーカーに登場する専属モデルは、誰もが美人。それも「眩《まぶ》しいほど」だ。毎年美人を送り出すミスコリア大会。韓国の化粧品メーカーは彼女たちを奪い合い、勝ち取ったメーカーは勝ち組となる。スポーツ新聞の一面では、《××化粧品専属モデルとして×億ウォン契約》という見出しが出るほど、世間の注目を浴びる。契約料に見合って売り上げも伸びる。完璧な美人の毛穴一つない顔を見て、韓国人女性はそのようになるためにあらゆる手段で頑張る。

しかし、日本の化粧品メーカーのモデルは個性的ではあるが、超美人とは言いがたい。マックスファクターＳＫ—IIの桃井かおりや、資生堂の話題性のあるモデル採用などを見れば理解できるだろう。日本人は現実的な国民だ。自分の力で到達できる可能性のあるものには執着して努力をするが、叶えられないものは追わない。化粧品メーカーのモデルにあまりにもきれいな美人を採用したら、消費者は彼女に近づこうとはせずに、次元の違う世界だとあきらめてしまう。だから、日本では、そこそこ美人のモデルが広告ページを埋めるのだ。

日本では、美に対して多様な価値観が認められている。ブスだからといってバカにされることも少ない。「顔がすべてではない」という言葉もあるように、外見は美人でなくても、心がやさしいとか、愛嬌があるとか、性格がいいとか、外見以外のところをもっと評価しようとする。「服が可愛い」「髪がきれい」「肌がきれい」と、美人の基準も必ずしも一律ではない。そのために日本人の女性は、韓国人ほど必死で自分を磨こうと努力しないのかもしれない。

韓国人が美に対して必死となる理由には、他人が感想を率直に口にすることもある。「お客さんは足がO脚なので、このスカートよりもこちらがよくお似合いですよ」「頭が小さく見えるから、こちらのほうがよろしいのではないですか？」「これはウェストが太く見えてよくないから、やめたほうがいいですよ」と、店員はお客に向かって率直にコメントする。日本人にしてみれば、「ひどい」「きつすぎる」と思うかもしれないが、韓国人はそのアドバイスを聞いて自分の弱点を知り、頑張ってそれを克服しようと努力する。

日本人の男友達の買い物に付き合って、GAPに行ったことがあった。タートルを試着して出てきた彼の格好は、まるでバスケットボールがタートルの上に乗っているように見えたから、「やめたほうがいいよ。頭がものすごくでかく見えるよ」と言ったら、友達は「俺が自分のカネで買うのに文句あんのか？」と不機嫌になった。「似合わない」という言葉に慣れてない日本人だから怒ったのかもしれない。よく考えたら、私も日本に来て「似合いませんよ」と言われたことは一回もない。日本人は互いにいいところをほめあう習慣がある。仮に似合わないとしても、本人の前ではなかなかそうとは言わないし、言えない。相手を傷つけたくないからだ。しかし、韓国人のように感想を率直に言ったら、それが刺激となって、もっと必死で頑張るかもしれない。

「大人になったら、ミスコリアになれるわ」という言葉は、韓国人の女の子に贈る最高のほめ言葉だ。「ブスですみません」という歌詞があるぐらい、韓国人の美に対する執着は日本人の想像を超えるものがある。その執着こそが、韓国人女性の外見を磨かせるモチベーションになっているかもしれない。

整形手術は隠さない

ソウルで開かれた同窓会で、昔よく遊んだ友達と久しぶりに会ったところ、夏休みにみんなでスペインへ旅行しようという話が出て、地理学者の私が先頭に立って企画を進めた。しかし、なかなか人数が集まらなくて、話はなくなってしまった。

ソウル市内で美容外科医をしている仲のいい友達に声をかけた時、彼は、「夏休みと冬休みは無理だよ。春か秋に行くならのるけど」と断ってきた。「休み中なのに、そんなに患者さんがいるわけ？」と聞いたら、年間の患者数の3分の2は夏休みと冬休みに集中するらしい。だから、美容外科をやる以上、夏と冬には休めないようだ。

日本人から「韓国と言えば整形の国というイメージがあるけど、本当にそうなの？」とよく聞かれるが、本当にそうだ。冬休みには高校3年生が大学入学の祝いとして、親から「まぶたを二重にするプチ整形」「鼻整形」「アゴを削る整形」といったプレゼントをもらうことも少なくない。大学に入ってから手術したら友達にわかってしまうから、わからないうちに手術しようという発想だ。私の周りでも、何人かの教え子と姉の友達が高校卒業前の冬休みに整形手術をした。もちろん、女子大生になってから整形する人も多く、夏休みと冬休みに予約が取れない病院も少なくない。

韓国に留学したアイコという後輩の話だ。彼女は普段から仲よくしていた同じ大学の韓国人の友達に誘われ、家に遊びに行った。ご飯を食べて、デザートでスイカを食べていたら、友達の親にジッと見つめられた後にかけられた一言に、びっくりしてしまった。

「アイコ。あなた。その顔じゃお嫁にいけないわよ。私がよく知っている美容外科の先生がいるから、今度一緒に行きましょう？」

いくら親友の親とはいえ、アイコはその言葉に落ち込んで、しばらく立ち直れなかった。私はアイコに「友達の親は決して悪気で言ったのではない。アイコに本当にきれいになってほしいから言ったんじゃない？」と慰めたが、彼女はひたすら、「ひどいわ」という言葉を連発するだけだった。韓国人なら、友達の親にそのように言われて落ち込む人は少ないだろう。それよりも、「その美容外科はどこにありますか？　実は鼻をちょっと直そうと思っているのですが」とウマが合って、整形の話で盛り上がっただろう。

日本でも美容外科は少なくないが、患者さんの行動をみると、韓国のそれとは事情が違う。日本では、整形専門医の腕の善し悪しに関して噂が立たないが、韓国では一気に噂が立って広まる。日本人は整形したことを隠す人が多いが、韓国人は隠さない。韓国人は、整形をして恥ずかしいとか後ろめたいと思う人は少ないからだ。「自然なブスよりも整形美人を好む」という調査結果もあるぐらいだ。それは、「整形したというプロセスは努力」として認められ、「きれいになったという成果」も重視するからかもしれない。

テレビ番組のトークショーに出演する韓国人の女優は、自分が整形したことを告白したり、公式の場で話題にしたりする場合が少なくない。整形を隠した芸能人はインターネットのブログで「ウソつき」と批判されたり、ファンに嫌われたりさえする。だから芸能人の中では、最初から「鼻と目は整形です」と胸を張って堂々としている人もいる。また美容外科の病院は、「うちの病院では、芸能人の××が手術を受けました」という見出しを雑誌の広告として載せるケースだってあるのだ。

このように、整形手術した事実を隠さず、みんなで情報を共有するから、「××病院の××先生はダメよ。このあいだ手術した○○の顔をメチャクチャにしたじゃない」「△△先生は日本人も来るぐらい腕がいいらしいわ。今度一緒に行きましょう」などと、整形の専門医の評判が噂され、繁盛したりつぶれたりする。インターネットでは「整形クラブ」があるほど、国民的関心が高い。

大学2年の夏休み明けの初めての授業。一人の学生が教室へ入った瞬間、クラスメートのみんなの口から、「ワーッ！」という歓声と拍手の音が教室中に響き渡った。「すごくきれいになったわね」「鼻がすごくきれいになったわ」「どこでやったの？」「いくらかかったの？」「うらやましいわ。私にも紹介してよ」などと、一人の整形美人を巡って、みんなが集まって盛り上がった。男子学生も昼飯の時まで彼女を話題にして、「本当にきれいになったよな」とほめていた。彼女に後ろ指を指す人は誰もいなかった。

ところが、整形が繁盛している韓国でも、胸を大きくする手術だけは少ないようだ。豊満な胸はセクシーというイメージよりも、バカっぽい女に見えるという印象が強いからだ。

すべての人が手術に成功するわけではない。看護師出身のおばさんが闇で手術をして逮捕されることや、格安という誘惑に負けて手術をして失敗した人もニュースで取り上げられ、話題となったりする。何年か前に、韓国の放送局で流された「扇風機アジュンマ（おばさん）」は反響を呼んだ。若い頃きれいだった女性が、もっときれいになりたいといって整形を重ねるうちに失敗が続き、顔が扇風機の大きさになって、精神的にも大きなダメージを受けてしまったのだ。扇風機アジュンマと整形美人は、ともに美を徹底的に追求した努力の結果なのだ。

女性の敵は「良妻賢母」思想

「前世で罪が深い人は、後世では女性に生まれる」

これは、李氏朝鮮時代の儒教思想から生まれたことわざで、５００年以上にわたって信じられてきた。

朝鮮時代に上流階級の家で生まれて、同時代最高の女性詩人として名を残した、ある人は、「自分がつらい人生を送った理由は、能力のない夫と結婚したこと、女性に生まれたこと、そして、朝鮮で生まれたことにある」と口にした。男尊女卑の儒教思想が強かった朝鮮時代に生きていた女性ならば、同じ意見を持っただろう。

朝鮮時代は身分制度が厳しい時代だったが、男性だけではなく、女性にもいくつかの階級があった。王妃と側室（後宮）をはじめとする「王室女性」、身分制度の上級であった「ヤンバン（両班）家の女性」、下流階級の「農民女性」、キセン（芸者）・舞子・医女などの「特殊な職業を持つ女性」、ヤンバンに帰属する「奴隷の女性」に区分されていた。もちろん、階級を問わず、女性として守らないといけない厳しい慣習・思想があって、直接的にも間接的にも抑圧されていた。朝鮮時代の女性の中でたくさんの特権を握っていた王妃さえも例外ではなかった。

「三従之道」と「七去之悪」は、古代から朝鮮時代まで韓国女性がいかに拘束されたのかをよく説明してくれる。

三従之道とは、古代の韓国女性が守るべき3つの道で、封建社会で韓国女性は一生抑圧され、自分の考えを貫くことはできず、「父」、「夫」、「息子」の三者に服従する義務があった。結婚する前は父に従い、結婚してからは夫に従い、そして夫が亡くなってからは息子に従う。典型的な男尊女卑の思想だ。

七去之悪とは、朝鮮時代の男が一方的に妻を追い出せる合法的な7つの理由で、「姑に従わない妻」「息子を産めない妻」「淫乱な妻」「嫉妬深い妻」「口数が多い妻」「盗み癖のある妻」「悪い病気持ちの妻」は夫に追い出されても、何も文句は言えなかった。

このような慣習・思想を徹底的に信奉し守り続けた女性は、良妻賢母の模範として歴史に名前が残り、現在まで韓国人の理想的女性像として尊敬されてきた。その代表的な人物としては、王妃・仁顕王后《インヒョンワンフ》と申師任堂《シンサイムダン》が有名だ。

王妃は「国の母」とも呼ばれ、どの女性よりも儒教思想を信奉し、守り続けてきた。朝鮮時代の19代王・粛宗《スクジョン》の王妃・仁顕王后と側室の張禧嬪《チャンヒビン》をめぐる話は時代劇で何遍も取り上げられるほど、韓国人にとって意味のある大事な人物だ。

側室の張は王妃になるためならあらゆる汚い手を使う悪女として、王妃の仁顕王后は儒教思想を信奉する良妻賢母として描かれている。張は一度王妃になるものの、悪事が暴かれて毒殺される。そして、追い出されていた仁顕王后が再び王妃に戻る。悪女の張が殺されたのも、良妻賢母の王妃が救われたのも当然なことで、この二人の結末について疑問を持つ韓国人はいないだろう。それは、現代の韓国社会でも儒教思想に基づく女性が理想像として存在しているという意味だ。

今ではだいぶ変わったとはいえ、男尊女卑の儒教思想は韓国社会に根強く残っている。学校では男子学生以上に優秀な女子学生はたくさんいるが、彼女たちは卒業後、専業主婦になって、学校で勉強した知的財産を無駄にしている場合も少なくない。

私の男友達で韓国財閥の御曹司がいる。韓国の大学を卒業した彼は、社会人として日本の会社で働いた後、アメリカに渡った。そこでしばらく仕事をしているうちに結婚した。結婚相手の女性もまた優秀なエリートだった。ソウル大学とアメリカのジュリアナ大学大学院を卒業した女性だったが、結婚後は仕事にもつかず彼のために専業主婦となってしまった。このように一流大学を出た人でも専業主婦になる人は少なくない。私はそのような女性たちを見るたびに、せっかくの才能がもったいないないと思う。

能力ある女性が専業主婦になる理由の一つは、女性に対する労働・福利厚生が良くないからだ。仕事の負担だけではなく、家事や育児の負担まで重なって、働きづらい環境は日本の比ではない。また、子供の頃から儒教思想に基づいた女性像を教えられ、「能力ある男の妻になって、子供を立派に育てる良妻賢母になるのが理想だ」と考えるようになっているのも、彼女たちが自立できない理由だ。

ところが、最近、こうした儒教思想の女性像を強要することに対して批判の声も上がっている。韓国では、10万ウォンの高額紙幣をつくることが決まったが、紙幣のモデルとして誰を使ったらいいかを国民から聴取している。どうやら、史上初めて女性モデルが登場するらしい。候補者としてあがったのは、朝鮮時代に美術と文学作品を多数残した、当代の最高の女性芸術家で、やはり「良妻賢母」の模範とされる申師任堂だ。

しかし、その発表を聞いた韓国の女性関連市民団体が、猛反対運動を繰り広げている。家父長制の中で良妻賢母を象徴する女性を紙幣のモデルとするのは、「時代遅れの発想だ」と声を上げたのだ。「夫と子供を成功させて、自分の芸術的才能も発揮した彼女の姿は、現代女性の二重労働（家事・育児と仕事）を正当化するだけだ」と批判されている。

江南オンマになれる

「韓国の大学入試はすごい競争ですよね」

「入試当日の親や後輩の行動はすごいですよね」

テレビで韓国の入試の光景を見た日本人によく言われる言葉だ。確かに韓国での大学入試は戦争そのものと言ってもいいかもしれない。

韓国の大学入試の方法は、時代とともに変わってきた。大学別に任され、そこで独自に出された試験によって入試を受けた世代もいれば、国全体が実施するセンター試験で大学へ入った世代、国の試験と大学独自の試験を並行して受けて入学した世代もいた。いずれにしても韓国の大学入試は年に一回の一発勝負で、日本のそれと大きく違う。韓国で大学へ進学しようとする人は、まず日本のセンター試験にあたる国家試験（スヌン試験）を受けなければならないが、それは年に一回だけ実施されるため、仮に当日体調を崩して試験を受けられなかったら、もう一年待たないといけない。それほど、韓国の大学入試は厳しい。

入試当日、親は朝からお寺や教会に行って祈ったり、試験会場の近くまで来て大学正門の壁にアメをくっつけながら祈ったりする。アメが壁にくっついて落ちないのと同じように、「受験生が大学へしっかりと受かる」という意味で、願かけをするのだ。後輩たちは先輩のためにグループをつくり、割り当てられた大学の前に待機して応援歌を歌う。渋滞で遅刻する学生を救うためにパトカーを配置して、運んでくれる。さらに空港周辺では試験を受ける学生が不利益にならないように、飛行機の離着陸時間の制限までする。国をあげて応援する、韓国最大級のイベントだ。

このように、より偏差値の高い大学へ入れさせようとするために、その前段として偏差値のいい高校へ行かせようとする。しかし韓国の高校は、日本の高校と違って、学校間の偏差値格差がない。高校へ進学したいと考えている人は、大学進学目的の人文系か、卒業後の就職目的の実業系（商・工・農業高校）かを決めて試験を受ける。人文系進学者は、まず共通試験を受けて合格か不合格かを検定された後、学群制度によって高校が決まる。

学群制度は、学力の地域差を解消するために提案されたものだが、そこにも問題点がある。いくら平準化されたとはいっても、進学率の高い高校とそうでない高校が現れ、親は進学率の高い高校へ入れるために、住所を偽装してまで編入させる。そういう人が相次いだために社会問題となって、それを罰する法律もできた。富を象徴する町はソウル市内の江南《カンナン》で、教育ママなら、子供のために江南へ引っ越しをするぐらいだ。『江南オンマ（お母さん）に追いつく方法』というテレビドラマまであるほど、韓国の教育ママを象徴する町だ。

江南が象徴するように、韓国では偏差値の高い名門大学へ入れようとすると、学校教育（公的教育）以外に塾や家庭教師などの私的教育への依存する率が高くなる。２００６年韓国の私的教育費用は33兆ウォン（約３兆９７３０億円）で、国内総生産の３・８％にのぼる。また一世帯のあたりの子供にかける私的教育費用は親の給料の19％にまで至る。

中学生や高校生を持つ親は夏休みや冬休みになると、塾や家庭教師の費用でため息が出る。国語、数学、英語などの主要科目は一科目30万ウォン（約３万６１２０円）前後で、一ヵ月に100万ウォン（約12万400円）前後の費用がかかる。中には休みを利用してオーストラリア、カナダなどへ英語の語学研修に送り出す親も少なくない。一ヵ月単位でホームステイをすると、500万ウォン（約60万2000円）前後もかかる。2005年現在、サラリーマンの一ヵ月の平均収入が140万ウォン（約16万8560円）であることを考えれば、いかに教育費がかかるのか理解できるだろう。

韓国人はなぜ、ここまで大学入試に必死になるのだろう？

韓国の教育熱が高いのは今に始まったことではなく、朝鮮時代にさかのぼる。当時は厳しい身分制度があった。管理職や支配する階層の「ヤンバン」と、支配される階層の「サンノム」である。ヤンバンには管理職になるための「カコ」という試験を受ける資格が与えられ、試験に合格したら出世の道が開かれた。一方、サンノムは支配される農民や奴隷などを称する概念で、1890年代に身分制度改革で廃止されたが、いまだに家柄が悪いという意味で使われる場合が多い。このように、体を動かすサンノムよりも、学問をするヤンバンを尊重することからもわかるように、韓国は武士よりも文士が尊敬される文化だった。

子供は中学校、高校を通じて、「勉強は塾でするもの」というふうに間違った認識を持ってしまう。成績がいい生徒の中には、「××塾で勉強するから、そこに行かせてくれ」と親にねだる者もいる。そのために親は必死に仕事をして頑張る。子供にはいい大学へ進学して、いい人生を送ってほしいからだ。すべては子供に対する愛のため、韓国の親は今日も子供を支えている。

第6章　愛する人を束縛したい

嫉妬も愛情の裏返し

「クラブ」抜きでは、韓国の若者の遊び文化を語ることはできない。

韓国のクラブは、日本のそれとはだいぶ違う。まずショットを飲みながら踊るのではなく、ウィスキーをボトルで飲みながらナンパする。DJのかけ声にしたがって一斉に踊る日本人と違って、仲間同士だけでバラバラに踊るのも特徴。

何人かの友達と一緒にカネを出し合って、はやりのクラブに向かう人が多い。早い時間から行く人は少なく、深夜0時前後の遅い時間から込み始める。高級クラブでは入場料を取ることがない代わりに、ショットでは飲めない。ビール3〜4本にフルーツの盛り合わせか乾きもののセットを頼むのが基本で、ほとんどの人が値段の高いウィスキーを飲む。お客は大学生をはじめとして20代の若者が多いが、どこからカネが出てくるのか不思議に思えるくらいだ。

ナンパすることを「ブッキング」と言う。通常、男性客が自ら女性にアタックするのではなく、ウェイターを通じて紹介してもらう。ウェイターはお店に遊びにきている女の子を次から次へと連れてきては、紹介してくれる。当然ながら、ウェイターは売り上げを伸ばしてくれるお客に多くの女の子を紹介し、お客も多くの女の子を紹介してくれるウェイターを指名して、お酒を飲もうとする。韓国の若者なら一度や二度は、このブッキングをしてもらったことはあるだろう。

何年か前、ソウルで友達と年をごまかしてお酒を飲んで（韓国では30歳以上は入場禁止というクラブも多いために）、クラブへ向かった。クラブの外には帰りがけのお客が大勢いたが、一人の女が何かを叫びながら、ある男に向かってきた。それを見て男が必死に逃げる。逃げるから女が男を追いかけるという具合で、クラブの入り口は大騒ぎとなっていた。「何があったのだろうか？」と周りに話を聞くと、こういうことだった。友達とクラブに来た男がブッキングして別の女と遊んでいたところを彼女の友達が目にして、彼女に知らせたようだ。そして、怒った彼女がやって来たのだ。

仮に、これが日本人なら、どういう反応をするだろう？　わざわざ友達に電話をかけて知らせてやる人は少ないだろうし、知らされた彼女も「クラブで踊っているくらいならいいわよ」とさほど気にしない人もいるだろう。知らされて怒ったとしても、現場まで来て追いかけたりする人はいないだろう。

ところが、韓国人は違う。私の大学同期の女の子が日本に留学してきた。大学院入学から論文まで、いろいろ悩みを持っていたようで、留学生として先輩の私はいろいろアドバイスをしながら、論文と調査の手伝いをしたことがある。彼女の修士論文の締め切り前日、友達3人と彼女の家に集まり、徹夜で彼女の仕事を手伝っていた。その事実を知った、韓国にいる彼氏が電話で彼女を相当責めて、ケンカのとばっちりが私にまで及んだことがある。

また、韓国へ留学して韓国人女性と付き合った日本人の知り合いがいた。彼が通う語学センターの同じクラスには日本人女性の友達がいた。その友達が帰国することになったので、彼が帰国祝いの飲み会を企画した。それを聞きつけた韓国人の彼女は怒って、彼に「なんで別の女の子との飲み会をあなたが企画するわけ？　あなたが彼女のこと好きだからじゃない！」と責め、別れ話まで切り出してきた。その後、仲直りするまで大変だったそうだ。

このように、韓国では、自分の恋人が別の異性と仲よくなったり、一緒にいたりするだけでも、イヤがる人が多い。いくら相手が友達だとしても、異性であることには違いないと考える人が多いからだ。下手に仲よくしていて、それでケンカになり、別れの種に発展することもある。

韓国人は、付き合う相手に執着するために、一人きりの時間をつくれることが少ない。逆に言えば、常に浮気しにくい環境にいるという意味でもある。互いに相手のスケジュールをよく知っているから、浮気をしたくてもなかなか余分な時間をつくれず、自然に浮気しにくくなる。日本人は恋人がいたとしても自分の時間をほしがるが、それは相手にも自由な時間をあげるということだ。自由な時間があれば、よそ見できる余裕もできて、韓国人よりは浮気しやすくなる。海外勤務となった日本人の友達がいる。彼は現地で浮気をしたが、浮気相手との間に「一緒には住まない」とルールを決めていた。「同居か、一人の時間か、どちらかを選択しなければいけないなら、一人の時間を取る」とはっきりと言ったのだ。

タレントの石田純一が言った名言「不倫は文化です」は確かにカッコいい言葉かもしれないが、韓国人の彼女に言ったらきっと殺されるだろう。日本では、一人の時間と空間がほしい国民の習性から、浮気は罪悪感なしに堂々と楽しめる一つのエンターテインメントかもしれない。

変貌する愛のカタチ

時代が変わると、大衆文化の象徴である歌詞も変わっていく。

《ガプドリとガプスニは、同じ町に住んでいた。二人は互いに愛していたが、それを表には出せなかった。知らないふりさえしていた。ある日、ガプスニは他の人のお嫁に行ってしまった。彼女は、悲しくて初夜にとめどなく涙を流す。ガプスニはガプドリ一筋だった。でもそうじゃないふりをした。ガプドリも腹が立って、別の人と結婚してしまった。ガプドリも、初夜に月を見ながら泣いてしまった。ガプドリにもガプスニしかいないから。でも表にはつらくないふりをした》

とても幼稚な内容に思えるかもしれないが、これは、1960年代の韓国ラブソングを代表する『ガプドリとガプスニ』という歌の歌詞で、今の60～70代の人が若い頃よく聴いていた歌だ。ガプドリとガプスニとは昔の男女のポピュラーな名前で、日本ではさしずめ「太郎」と「花子」にあたるとでも思ってもらえばいい。今は少なくなったが、昔の韓国人の名前を見ると、長男・長女には「甲」を、次男・次女には「乙」をよく使ったようだ。

この歌詞は、今の韓流ドラマで見るような情熱的な恋愛のイメージとはずいぶんと違う。お互いに好きだったが、告白できなかったガプドリとガプスニは、好きでもない人と結婚してしまう。歌詞は二人の悲しむ姿を描いている。韓国人も昔は自分の心を表にさらけ出すより、相手にくみ取ってほしいと思う人が多く、二人とも愛の告白がとても下手な照れ屋だったかもしれない。

《何も言わずに、手紙を渡して、逃げ出す。心の底まで私を感動させたのは、涙に滲《にじ》んだ手紙。白い紙に、きれいに書いた君の真心を読んで、涙が止まらなかった。打ち抜かれた心の穴に、悲しい涙流しながら、離れてしまったあなたに、私の恋の歌を贈りたい。白い紙の上にきれいに書き出したあなたの真心がわかって、私は泣いてしまった。離れてしまったあなたに愛の歌を贈りたい》

これは、1970年代を代表するオニオンスという歌手の歌で、今の40～50代の韓国のおばさんやおじさんが若い頃よく聴いていた歌詞だ。この歌詞は、「とりあえず、好きな気持ちを手紙に書いて相手に渡して、恥ずかしくて逃げてしまった」という内容だが、愛の告白さえできなかった1960年代に比べれば、恋愛事情も大きく進歩している。

ラブレターは、この世代の恋愛を象徴するものだ。私は小学生時代、近所の高校生のお兄さんのラブレターを配達したことがあった。高校生たちは私たち小学生にお菓子を買ってくれて、自分の好きな女子高校生に心を込めたラブレターを渡してもらっていた。こういう告白の仕方を見て育った私たち30～40代の世代も、思春期には同じ経験をした。私も高校時代、塾の同じクラスの子に片思いして、ある日、塾の帰りに、彼女の家の近くで友達と待ち伏せした。彼女の姿が見えてくると、友達は私のラブレターを持って全力で彼女に向かって走ってくれた。夜11時過ぎの暗い路地で、自分に向かって走ってくる男の子を見たら、誰もがびっくりするだろう。友達は、「あの、友達が……」と手紙だけ渡して、逃げるようにして帰ってきた。その後、塾で彼女を見かけたことはなかったが、私と同じ世代なら誰もが一度や二度は同じ経験をしているだろう。

《あなた。何を迷っているの？　貴方！　ほしいでしょう、目の前の私が。私は知っているわ。貴方が何をほしがっているのか。貴方！　こっちに来て。私も、いつまでも、貴方が思っているような少女ではないわ。貴方のキスで大人の女になれるわ。もはや私は少女じゃないわ。迷わないで。貴方が待っていたように私も待っていたわ。貴方を待ちながら目を閉じている。貴方に私をあげたいわ。私だけを見つめている貴方の愛。愛がスイートなものだと私に教えて。これ以上待つ必要はないわ》

《あなたがいなくなった後、すごく泣いた。一人になってしまった。私はもう二度とあなたに会えないの？　違う人に会ったら、あなたのことなんて忘れてしまうと思ったけど。それは、間違いだった。私だけを愛すると言ったじゃない？　あなたに首ったけだったじゃない？　あなたは、私と別れても大丈夫なの？　本当に？　たまに、さみしくてあなたを恨んだわ。私を捨てたあなたがとても憎いわ。このまま、私から離れないで。お願い。あきらめないで。あなたを愛していた頃が一番幸せだった》

前者は2000年に韓国で大ヒットしたパクチユンの『成人式』、後者は同じ時期に大ヒットしたコヨーテの『失恋』という歌の内容だが、告白の仕方は昔と違って過激で露骨だ。現代の韓国人の若者の積極的な恋の告白と悩みを物語っている象徴的なものだろう。

「告白すらできないおばあちゃん世代」「手紙でしか告白できないおばさん世代」、そして「積極的に自ら相手を誘う現代」と、韓国人の「愛」は時代とともに変わってきているのだ。ソウルオリンピックやワールドカップ開催をきっかけに、儒教の国の若者の愛に関する価値観もずいぶんと変わってしまった。

セックスは気軽にできない

何年か前に、卒業生が訪ねてきて一緒に飲んだ時、私は思わずふいてしまったことがあった。

「中学校では2割だよ」「違うよ。1割ぐらいだよ」「高校では半分ぐらいだね」「違うよ。半分はいないよ」「大学では7割以上だろう?」「違うよ。もっと少ないよ」「お前が、経験がないだけじゃないか……」と笑い飛ばす会話を聞いたからだ。

どうも日本人の男子学生は、高校の時に初体験をすます人が多いらしい。本当かどうかは別にしても、「半分」を基準としているのは、私にとってちょっと驚きだった。韓国人男性の初体験はいつ頃だろう？

おそらくは、軍隊に入る前あたりだろう。韓国の男性には兵役の義務がある。家庭事情や身体の状態によって空軍や海兵隊へと志願する人もいるが、一般的には、２年半ほど陸軍へ入る。入軍前に、友達や先輩からの祝いとして、プロの女性を相手に童貞を失うことが多い。もちろん、彼女と初体験をする場合もあるが、その数はさほど多くないだろう。儒教思想のせいか、韓国人の中では、少なくとも日本人に比べれば、セックスは気軽にできると考える人はまだ少ない。

東京・代官山にある飲み屋で友達と飲んでいた時、突然「韓国人の男ってすごいね」と言われた。「なにが？」と聞き返したら、こんな内容だった。

友達の妹が19歳で韓国へ留学し、韓国人の彼氏と同棲した。ある日、二人の間に子供ができたことを知り、二人は別々の決心をした。妹は産婦人科へ行って子供を堕ろす決心を、彼氏は悩んだ末、結婚する決心をした。

妹が子供を堕ろしてきたことを伝えたところ、「なんで別れようとするの？　俺がちゃんと責任とるから」と彼氏に言われたようだ。妹は中絶手術をしただけで別れる気は全くなかったが、彼氏はふられたと誤解したのだ。韓国人の彼氏にすれば、子供を堕ろす妹の行為は彼を否定する行為だと解釈したに違いない。妊娠に対して中絶と結婚という二人の決心が違うのは、まさに文化の違いだ。

20歳そこそこの日本人の女性は、これからの人生がどのようになるかわからない状態で、妊娠したからといって、相手と結婚しようと思わないようだ。しかし、彼女を妊娠させた韓国の男は、そのままほっておけない。それよりも彼女と結婚して、なんとか生きていこうという考えを持つほうが比較的多いだろう。結婚してすぐ離婚するかもしれないが、とりあえず女性に対して責任を持とうとするのだ。

韓国へ留学した男の教え子の話だ。留学先のソウルで韓国人の彼女と付き合うことになったが、彼女と初めて結ばれたのが付き合って3ヵ月と遅かったことに驚いた。彼は日本で何人かの女性と付き合ったが、だいたいは付き合って1～2週間ということが多かったからだ。韓国人の彼女は1ヵ月たっても、なかなか決心がつかなかったようだ。彼は何回かチャレンジしようとしたが、彼女の心の準備ができていなかったのだ。

ところが、たった一回セックスしたことで、韓国人の彼女は結婚話を持ち出してきた。困った彼が私のところへ相談に来た。「今は学生で給料もないのに、どうやって結婚生活を送りますかね。『もし結婚してくれないなら別れる』とまで言われたんですよ」とつぶやいた。日本人女性の中で、いくら好きだからといって、一晩をともにしたぐらいで、22歳の青年に結婚を求める人が何人ぐらいいるだろう。

昔に比べればセックスに対して寛容になったとはいえ、韓国はまだ厳しいところがある。過去には、新婚旅行から帰ってきた直後に離婚するケースがしばしばあった。理由は、初夜に妻が処女ではなかったことがわかったからだ。実際、私の姉の親友もそれを理由に離婚された。また、韓国では、男性が結婚を前提に女性と寝て、実際には結婚しなかった場合は「結婚詐欺姦淫罪」という罪で処罰される。このように、韓国人にとってセックスは重いもので、男性はその責任を追及されるものだ。

入軍する日に、泣きながら男性を見送る女性の姿を見るのは珍しくない。20歳前後の女性が、一人の男性を2〜3年間も待ち続けるというのは、そう簡単なものではないだろう。しかし韓国人女性の中では、彼氏に年間数回しか会えなくても我慢しながら待ち続け、兵役が終わってから結婚するケースも多い。もちろん3年間が待てずに、別の男性と付き合う女性もいるが、そんな女性に対する世間の目は冷たい。待たせた男性を責める人はほとんどいなくて、待てなかった女性は「ゴム靴を履き替えた」「裏切り者」と後ろ指を指されることがしばしばある。結婚を前提にする恋愛、恋愛を前提にするセックス、結婚を前提にするセックス──これらを真剣に考えるのが韓国人なのだ。

日本の女子高の教室で、女子高生と大学生の彼氏が愛の火遊びをしていたことが発覚した。男は大学で3ヵ月停学という処分をされた。ところが、大学の定期試験で不正行為をした学生も同じく3ヵ月停学という処罰を受けた。おそらく韓国なら前者は退学、後者が厳重注意となっていただろう。性的問題には厳しい韓国と、そうではない日本、これがまさに文化の違いなのだ。

束縛も愛情表現

冬休みを熱帯地方で過ごすのが、私のヴァカンスのやり方だ。バンコクから2時間ほど車で走ると、昔のタイ王族の別荘地として知られているホアヒンというリゾート地に着く。1週間ほどの予定で、友達4人とホアヒンへ向かった。ホテルに着き、レストランで食事をとろうとしたところ、甘い匂いがしていることに気づいた。ベタベタとスキンシップをしながら、ご飯を食べている韓国人の新婚カップルがいたのだ。

隣のテーブルの二組のカップル。一組の妻が夫の口元に肉を運んでやると、夫はひな鳥のように口を大きく開けてパクッと食べてしまう。そして笑顔を合わせる。まさに、幸せ一杯という感じだった。それに負けないように、もう片方のカップルも同じことをしていた。

私は久しぶりにラブラブな韓国人カップルを見て「日本人の彼女にあんなにやさしく愛情表現をされたことがない！」と思いながら、うれしいというか、うらやましいというか、口を開けてニコッと笑っていたらしい。日本人の友達は、ベタつく韓国人カップルとそれを見て笑っている私の様子があまりにもおかしく思えたようで、クスクス笑っていた。

私は海外に出かける機会が比較的多いが、どこへ行っても韓国人カップルか日本人カップルかはすぐ見分けられる。決め手は、ペアルック。韓国人カップルなら一つや二つのペアルックを持っている。韓国人の新婚旅行先として人気の高いグアムの空港。ソウル行きの搭乗口の近くに座ってみると、韓国人カップルがいかにベタベタしているかを確認することができるだろう。赤や緑や黄色、そしてオレンジなど、どれも原色で派手な色のペアルックを着て、イチャイチャしながら幸せそうな顔をしたカップルが30組も同じ場所に集まっている。現場を見なくても、どんな状況か、だいたいは想像がつくだろう。

韓国人は、日本人ほどシャイではない。むしろ積極的でアグレッシブで情熱的な性格のために、感情表現もストレートだ。自分が好きな人にはストレートな言葉で表現し、気持ちを率直に行動で示す。だから付き合っているうちは、いつもベタベタして、互いに「愛しているよ」「会いたくて死にそうだよ」と、ドラマのセリフのような言葉を普段から平気で口にできる。30℃を超える真夏。ソウル市内ミョンドンの街角にあるスターバックスに入って、3階の窓側からコーヒーを飲みながら街を見下ろすとしよう。こんなに暑いのに、手を肩や腰に回してベタベタしながら歩いている韓国人カップルの姿を見ることができるのだ。

韓国人の感情表現が激しいのは、愛情だけではない。悲しい時は愛情表現以上の迫力がある。韓国の葬式では、喪主は号泣するのが美徳とされている。声が出なくなるまで号泣し、愛する人を亡くした悲しみを乗り越えようとする。しばしば、日本のメディアで報道される有名人の葬式会見。そこには涙一粒も見せない冷酷な喪主が必ずいる。その姿を見て、「偉い」「立派」などと絶賛の言葉を贈る日本人が多いかもしれないが、韓国人の目には血も涙もない人にしか見えない。うれしい時や悲しい時の韓国人の感情表現は、日本人の控えめ文化とはかなり違うものだ。

感情表現が違うから、付き合い方も違ってくる。韓国人の付き合い方には執着が伴う。それは相手を束縛するという意味だ。本当に愛しているなら相手のすべてがほしい、相手と常に一緒にいたい、相手を束縛したくなるという気持ちが韓国人は強い。私のような韓国人の目には、日本人のアツアツな新婚カップルでも「冷めたカップル」にしか見えない。それは、相手を束縛するよりも、相手を自由にさせるという日本人ならではの付き合い方にあるからかもしれない。

このように執着と束縛を好むために、韓国人には遠距離恋愛が向かない。日本人は一緒にいなくてもいい関係だから、遠距離でもうまくいく場合が多い。ところが、韓国人はそれができない。多くの韓国人のカップルは朝、昼、晩と一日3回以上も電話で連絡を取り合い、仕事が終わったら、毎日のように会う場合が多い。もともとこうした付き合いを好むから、遠距離恋愛を受け入れる勇気もなくなる。

2年前、私の教え子で韓国へ留学した男子学生がいた。彼は留学先の大学で韓国人女性と付き合いはじめた。彼女はアメリカの大学に在籍していたが、1年間だけ交換留学生としてソウルへ戻っていた。留学期間が終わり、彼女はアメリカへ戻り、彼は日本へと帰国した。二人は遠距離恋愛を続けていて、彼は1年後にアメリカ留学するつもりで準備をしていたが、ある日突然、彼女から「遠距離恋愛に自信がないから」といって、一方的に別れを言い渡された。

遠距離恋愛を選ぶよりは、すべてを捨ててまで相手について行くことを好む韓国人、遠距離恋愛を選ぶよりは別れることを望む韓国人。それは常に一緒にいたい気持ちが強いからだ。それが韓国人の付き合い方なのだ。

宮廷料理と懐石料理

何年か前に、ソウルで友達と飲んでいた時の話だ。

「某名門女子大の寮の裏にナス畑とキュウリ畑があるが、夜中になると、ナス狩りとキュウリ狩りをされて、畑主が悩んでいる」

とても幼稚な話に聞こえるかもしれないが、私は久しぶりの韓国ジョークで思いっきり笑った。よく考えたら、来日して以来、日本の友達にこんなジョークを言ったことも、日本の友達から聞いたこともない。

日本はセックスに対してオープンで、ポルノ産業も発達している国で、一日に何本もの新しいビデオが発売される。もちろん、「女性＝オナニー」という観点で描いているものもあるが、多くは、男女がらみの挿入までのプロセスを表現していたものだ。なぜだろう？　それは韓国と日本の男が求めるセックスの目標が違うからだろう。

その国の人がどのように食事をするのかを見れば、セックスの楽しみ方が見えてくる。日本を代表する料理を懐石料理とすれば、韓国を代表する料理はさしずめ宮廷料理だろう。日本人の皆さんには一度だけでもいいから、本場韓国で宮廷料理を体験してほしい。宮廷料理は注文した途端、広いテーブルにズラリと料理が並ぶ。一人ではとても食べ切れないほどの品数と量。しかも、一度に出される。そして、もっとも驚くべきものは、一気にそれらを食べ尽くしてしまう韓国人の食事時間の速さだろう。

量と勢いで勝負する韓国料理には、もう一つの特徴がある。それは、混ぜて食べること。石焼きビビンパ、チゲナベなど、ほとんどの韓国料理は最初からすべてを混ぜ合わせて食べる。韓国人にとってみれば、一つひとつの味を楽しむプロセスよりも、一度に満腹感を得る結果が大事だからだ。

プロセスよりも結果を重視し、量と勢いを追求する傾向は、食べ物だけに限らない。韓国の男性にとって、セックスで何より大事なのはペニスが大きいこと。ペニス一本で勝負をかけ、その勢いで女性を喜ばせようとするからだ。ペニス拡大手術を受ける男性も珍しくない。また、クマやヘビ、イヌ、ネコなど、スタミナとなるものを必死に食べたがる。韓国の男性は、なぜ、そこまでペニスとスタミナにこだわるのか?

単純明快な韓国人の性格とも関連するが、彼らのセックスの目的が挿入と射精にあるからだ。韓国の男性は女性のカラダに挿入し、腰を激しく動かして、ピークに到れば即放出というパターンが一般的だ。彼らはセックスで女を喜ばせようとするよりも、自分自身が気持ちよくなりたいという欲求を最優先するのだ。女を喜ばせるのは男性の象徴のペニスとスタミナだというプライドと信仰が抜きがたく強い。

儒教思想の影響も、要因の一つになっているかもしれない。セックスのプロセスやテクニックを楽しむためには、ある程度の恋愛遍歴を必要とするが、韓国人は儒教思想の影響で日本人ほどセックスや恋愛をする機会が多くない。

韓国でポルノビデオを買った日本人の知り合いは、笑ってしまった。ストーリー展開も、撮影の映像も、彼を興奮させるほどのものではなく、いやらしいシーンのはずがあまりにもおかしく見えたようだ。日本のポルノビデオでは絡みシーンやセクシーな下着、パラダイスとも言えるラブホテルがあり、これらは日本人のセックスにとって、いかにムードが大事なのかを象徴するものだ。しかし、韓国人からすれば、ムードを大事にする日本人の姿は変態的にすら見える。ポルノビデオに映し出される、ストッキングやビキニの上から透けるまでツバを使って愛撫するといった行動にはさすがに驚く。挿入と射精をなかなか見せてくれない映像には、韓国人は我慢できないのだ。

韓国人にとって、日本人のセックスが変態に近いものに思えるもう一つの理由は、スキンシップにある。韓国の街では、母が子供に、祖母が孫に、口元を当てポポ（キス）をする光景を見ることは珍しくない。友達同士や恋人同士もスキンシップを好むが、日本ではなかなかこうした光景を見ることはできない。日本でスキンシップが許されるのは男女関係だけだ。だからこそ、ベッドでは男女の愛情表現が露骨で、派手になるのかもしれない。

プロセスを重視する日本人がセックスを楽しもうとする余裕は、韓国人にとっては変態と見えるかもしれない。食欲、睡眠欲、性欲という人間の三大欲求のうち、韓国では食欲と睡眠欲には寛大だが、性欲には厳しい視線を送る人が多い。性欲が強い人やセックスを楽しむ人は「淫乱」だとか、「変態」だとか白い目で見られる。それは、韓国人がまだセックスをカジュアルに扱うほどの余裕がないからかもしれない。

向こうづけ、椀盛り、焼き物、八寸……と一品ずつ順に進む懐石料理は、まさにプロセスを楽しむ料理だと言えるだろう。冷や奴や浅漬け、しゃぶしゃぶを食べたことのある韓国人から見れば、日本の料理は、「無印良品」のようなシンプルなもので、ベルサーチのような迫力のある韓国料理との違いに驚く。日本の街ではナチュラルメークをした女性が、韓国の街ではホステスのような派手な化粧をした女性が歩いている。しかしベッドでは、そのイメージは逆転するのだ。

料理とセックス。それは、長い伝統と文化に左右されているようだ。

自由席で楽しむ結婚式

韓国の中学時代の友達が結婚すると聞いて、ソウルへ行った。結婚式前日、ソウルに到着した後、久しぶりに会う顔ぶれが懐かしく、私は調子に乗って翌朝まで飲んで、肝心な結婚式に1時間も遅刻してしまった。タクシー運転手に「急いで！　急いで！」とせっついて結婚式場に向かい、受付でご祝儀を差し出し、式場に入った。ところが、新郎・新婦はどこにいるのかと探し始めたところ、違う人の結婚式場であることに気づいた。「あれ、しまった！」と慌てて外に出て、ご祝儀を取り返して、ようやく友達の結婚式場を探しあてた。

やっと見つけたと思ったら結婚式はすでに終わっていて、別の場所で韓国式「ペベグ」（姑・舅と嫁の儀式。婚礼の際、初めてまみえる姑・舅に丁重なお辞儀をして、ナツメの実や干し柿を差し上げる儀式。一般的に、洋式の婚礼が終わった後、ペベグ室へと移動して行う）も終わりかけていた。「日本の結婚式なら1時間遅刻しても、まだ式は見られるだろ。韓国式は時間が短すぎる」と自分を慰めた。

しかし、よくよく考えたら、結婚式も韓国と日本とでは随分と違う。どのように違うのだろう?

韓国でひと昔前は、「過消費」(必要以上の贅沢をしすぎる消費)ということで、ホテルで結婚式をすることは法律で禁じられていた。韓国人はとにかく派手に、盛大に結婚式をしようとする。仮に家が貧乏であっても、親は自分の息子や娘の一生に一度の結婚式を無理をしてでも、立派なものにしたがる。「娘二人をお嫁に出すと、家の柱が残らない」という話がある。韓国の結婚式は日本で言えば、「名古屋式」と「大阪式」を足して2で割った感じの騒がしく、ド派手なものだ。

今はホテルでも結婚式ができるようになったが、まだまだ専門の結婚式場で式を挙げる庶民が多い。ソウル市内を車で走ると、ベルサイユ宮殿のようなヨーロッパ風の建物が目立つが、それが「礼式場」という結婚式場だ。式場はだいたい5階建てで、一つのフロアに4~5つの宴会場を揃えている。一組1時間前後で式が終わって、別の場所に移動して「姑・舅と嫁の儀式」を終える。縁起のいい週末ともなると、たくさんの新郎・新婦と出席者でごった返し、まるで年末に買い物客でにぎわうアメヤ横丁状態になってしまうほどだ。

ご祝儀は3万(約3610円)~10万ウォン(約1万2040円)が相場のようだが、仲のいい親戚や会社関係の人の中には、50万（約6万2００円）～数百万ウォン出す人も少なくない。式場に入る前に受付でご祝儀を出す。すると受付の人は、その場でご祝儀袋を開け、金額を確認した後、帳簿に「○○様○○ウォン」と名前と金額を書いて、出席者に「食事券」を渡す。食事券の代わりに、食事代としておカネを渡すケースもある。出席者は自分のご祝儀の金額が正しく書かれたかどうかを確認して、式場へ入る。式が終わったら、出席者は仲間と一緒に指定されたレストランに行って食事券を渡して、ご飯を食べて帰る。

ところで、出席者を装って、わずかなカネを渡して食事券や食事代を受け取っていく不届き者がいる。受付では出席者かどうかを確認する意味でも、ご祝儀袋をその場で開ける。受付は新郎・新婦の親族か親友がする場合が多く、結婚式が終わったら、ご祝儀と名簿をあわせて新郎・新婦の親か家族に渡す。

韓国の結婚式には、もう一つ面白いことがある。韓国人は、日本人のように結婚式に招待する人を前もって決めて案内状を出して出欠を取る面倒臭いことは一切しない。新郎・新婦は知り合いや関係者に、「このたび、○○の長女××は、□□の次男△△と、○月○日○時に××で結婚式をあげるので、参加お願いします」という内容の「チョンチョプジャン（招待状）」のカードを送る。

もちろん、チョンチョプジャンをもらったからといって行く義務はない。都合が悪くて行けなかったら、知り合いにご祝儀だけを持って行ってもらう人もいる。また、チョンチョプジャンをもらった人が「中学時代の××が今度結婚するんだってよ」と、もらっていない同級生や知り合いに声をかけて、一緒に行く場合も多い。その場合でも「お前、俺にはチョンチョプジャン送ってくれなかっただろ。水臭いじゃないか」「ごめん、ごめん」と久しぶりに会えたうれしさでワイワイと騒ぐ。また、友達の友達で、直接知らない人でも式場に行く人もいる。実際、私も直接知らない人の結婚式に呼ばれたことが何度もある。

新郎・新婦は結婚式が終わったら、すぐ新婚旅行に出かける場合もあるし、ホテルに泊まって、夜は新郎・新婦の友達と2次会でドンチャン騒ぎをしてから、翌日出発する場合もある。新郎・新婦を乗せて空港へ向かう車は、派手にリボンをつけたり、花をつけたり、後ろにはヒモで缶をぶら下げたりして、周りの注目を浴びようとする。極端な場合は、新婚旅行まで一緒について行く悪友?もいるようだ。

結婚式が終わってから、「ハム」という箱を新郎側から新婦側へ渡す最後の儀式がある。ハムとは、新郎が新婦に贈るプレゼントを入れた箱で、新郎の友人が何人かで背負って新婦の家に届けるが、簡単には家に入ろうとしない。新婦の家の近くに来たら、町中で大騒ぎしながら、新婦の親（たいていは母親）との交渉が始まる。親が出してくる金額によって、引き渡しまでの時間が長くなったり短くなったりする。長いケースでは1時間や2時間騒ぐ時もある。新郎の友達は数百万ウォンももらう時もあって、そのおカネは夜の飲み会に消える。今は、アパートに住む人も増えたためにハムを運ぶ儀式も簡略化されたが、私が子供の頃はそれを見るのが結婚式の楽しみだった。日本で言えば、一種のお祭りのようだ。

ところで、韓国での新生活に当たり、「夫は家を、妻は家財を（用意する）」と役割分担する。韓国では賃貸住宅が一般的ではないため、保証金を一括して預けて家を借りるか（ジョンセ）、マンションを買うケースが多いが、夫はその家を用意する。妻は家財を用意するが、その質をめぐって姑と嫁との闘いが始まる場合も少なくない。

法学を専門とする日本人の同僚に言われて唖然としたことがある。

「友人の妹が韓国人と結婚します。韓国では夫は家、妻は家財を用意するものだと聞いたのですが、万が一離婚した場合、財産分与はどのようにするのですか？　彼女はそれをすごく気にしていて、私に聞いてきたのです」

「そんな話を韓国人の親や夫が聞いたら、結婚は白紙に戻るかもしれないから、やめたほうがいいですよ」と答えた。

結婚する前から離婚のことまで心配する日本人もいるのかと、私は驚いた。

日本人の先輩の結婚式の2次会に呼ばれた時、出席者からおカネを徴収するのを見てびっくりしたことがある。日本人には当然のように思えるかもしれないが、私のような韓国人は「人を招待しておいて、おカネをもらうなんておかしい」と思う。

韓国では、ご祝儀に二つに割り切れる偶数の金額を入れても縁起悪いと思われることもないし、結婚式に来てもらいたい人を選別する手間もない。もちろん、新郎・新婦は出席者の席を調整する必要がなく、来た人は先着順に座ればいい。韓国人にとって結婚式は指定席ではなく、自由席で楽しめる気楽なフェスティバルなのだ。

第7章　政治家、セレブへの視線

韓国人にとっての「韓流」

「韓国への入国書類にね、訪問目的という欄があるじゃん。そこに『ヨン様』と書く人もいるらしいわよ」

「ウソでしょう！」

成田空港の出国審査カウンターの前で、二人の日本人ギャルがそう言って笑い声をあげた。本当に「ヨン様」と書いたかどうかは別にして、ギャルの口からも「ヨン様」という言葉が出るほど、今や「韓流」は日本では一般的となった。

ところで、日本やアジア各国で起きた韓流ブームを、韓国人はどのように思っているのだろう？

韓国人のなかには、自国の音楽、映画、ドラマが日本のそれよりもアジア各国で人気が高いことにプライドを持っている人も多いようだ。韓流ブームのおかげで、世界中に「韓国」の名が知れ渡ったことを喜び、

「やはり、韓国人の演技力が世界で認められたんだよ」

「結局は、演技力で勝負するんだよ」

と自慢気に話す人も多い。

また、日本で起こったヨン様ブームは、韓国人が日本人と対等な立場で付き合えるきっかけになると思っている人も少なくない。日本に対して常にライバル意識を持っている韓国人のなかには、

「外見も日本の俳優よりも格好いいし！」

と、自慢している人もいる。

１９９０年代後半、韓国政府はグローバル化のなかで生き残る策として、「ＩＴ強化」「観光産業の育成」「文化コンテンツ輸出」などを奨励した。韓国は日本より優位に立つ部門として、観光や文化に注目したのだ。その一環として、１９９６年ごろから中国へドラマと音楽を輸出した。そこから韓流ブームが始まった。その後、台湾、ベトナム、タイ、インドネシア、フィリピンなどの東南アジア全域へと一気に広まったのだ。

日本で韓流ブームが起こった背景には、２００２年に共同開催したサッカーのワールドカップが大きな役割を果たした。前例のない「韓日共催のワールドカップ」は単なるサッカーイベントではなく、それをきっかけに韓国の音楽、映画、ドラマなどの大衆文化が数多く日本に紹介されはじめたからだ。

「韓国で、『タイタニック』を超える観客動員」とのキャッチフレーズで放映された映画『シュリ』を皮切りに、日本のドラマに美人女優のユンソナが出演、若手イケメン俳優ウォンビンを有名にした『フレンズ』という韓日両国によるドラマ共同制作、そしてチャン・ドンゴン、ペ・ヨンジュン、イ・ビョンホンなどの韓国大スターが出演する『イヴのすべて』『冬のソナタ』『美しき日々』といったドラマの放映。これらの一連のプロジェクトを通じて、日本で韓流ブームが起きたのだ。

特に２００３年の『冬のソナタ』の放映以降、日本のメディアは単にテレビドラマだけではなく、韓国文化や芸能界事情を紹介する番組まで組むようになった。さらに、韓国関連であれば何でもヒットするほど関連商品がバカ売れし、韓国国内でもいろんな関連ビジネスが生まれた。例えば、韓流をテーマとする観光地開発、ファッション業界のイベント、食料品開発、韓流学などだ。

しかし、ソウル市内にある南大門市場の海苔売り場のおじさんが、こうつぶやく。

「最近は、日本人のお客さんが全然来ないよ」

「韓流ブームといっても、ヨン様だけがもうかっているんだよ」

韓国のなかでは、一部芸能人の人気が上がっただけにすぎず、「韓国の大衆文化が世界で優位性を持っている」「韓国のすべての大衆文化が世界で受け入れられる」という自信満々の意見に対して懐疑的な声も少なからず出てきている。

日本でのブームも、２００４年をピークに次第に冷めてきた。

日本のメディアが韓国ドラマの放映枠を積極的に増やした理由の一つは「放映権料が安いこと」だった。しかし放映権料が高騰して以降は、韓流ドラマは日本のテレビで放映されにくくなった。放映権料の高騰が韓流ブームに「待った」を掛けることとなったのだ。

また、ストーリーがワンパターンであることも、韓流ブームが続かなくなった理由の一つだろう。日本で放映された韓国ドラマは、どれも似ている。確かに、愛し合う男女が親の反対にあう、主人公が愛情をとるか友情をとるかの間で揺れ動く、さらに交通事故や記憶喪失といった事故・事件が絡むというのがお決まりのパターンだ。これでは、日本人ならずとも視聴者の心をつかみ続けることはむずかしいだろう。

フランスのある評論家は、

「世界の経済大国は、強力な文化的イメージを持っている。ドイツは高い品質と技術力、フランスはファッションと暮らしの質、日本は精密で繊細な美しさ、アメリカは卓越した品質とサービスだ。だからフランス人は、高くてもフランス製の香水とドイツの車を買う」

と指摘した。

自国の商品を売り込むためには、まず外国に向けて大衆文化を発信しなければならない。アジアという限られた外国ではあるが、そこで韓国の大衆文化が受け入れられたのは、韓国人に「愛」「人情」「家族」を大事にする熱い気持ちがあったからだろう。外国に大衆文化を受け入れてもらうことは、そう簡単なことではない。

韓流ブームは韓国人と日本人の距離を縮め、お互いの文化交流を促す役割を果たしたことは事実だろう。しかし、韓流が将来にわたってまで、日本をはじめとした世界中の人々に強力な文化的イメージを伝えうると言えるだろうか。私にとって、10年後、韓国のイメージが世界中の人々にどう伝わっているのかが非常に楽しみでもあり、同時に心配でもあるのだ。

政治家への希望は捨てない

「……お客様、今回、誰を推しますか？」

「××党の△△ですよ」

「ダメですよ。そいつが大統領になれば、もう韓国は終わりですよ。やはり、○○党の□□さんです」

「なんだって！」

２００２年の大統領選挙中、ソウル市内で乗ったタクシーの運転手と「支持政党」をめぐって言い合いになった。ついには運転手がキレてしまって、私と友達二人は、「おカネはいらないから降りてくれ！」と無理やり降ろされる羽目になった。飲みすぎてクダをまいて飲み屋から追い出されたことはあるが、言い争いをしてタクシーから降ろされたことは初めてだった。不機嫌になった私たちは飲み屋に入り直して、また政治の話で盛り上がった。そこでも隣のテーブルのお客と言い争いになりそうになったが、お店の人がとりなしてくれたおかげでケンカにならずにすんだ。

政治をめぐってケンカが起こる光景は、大統領選挙前の韓国では珍しくない。韓国人は、まず焼き肉を食べてスタミナをつけておいて、「キムチのような辛口で」政治を語ることが大好きな国民だ。飲み会でも、政治問題が酒のさかなになるほど関心が高い。投票率をみれば、それが理解できるだろう。１９５６年の大統領選挙では94％、１９９７年が81％、２００２年が71％、２００７年には63％と次第に下がっているとはいえ、日本に比べれば高いほうなのだ。

日本に住んで15年たったが、私は日本人と政治の話で熱く語り合ったことや言い争いになったことなど一度もない。どうやら、日本人は韓国人ほど政治に熱くならないようだ。

政治への関心が高い韓国人を見て、日本人の知り合いからは、

「韓国では、政治家の汚職はないのですか?」

「韓国では、政治家は尊敬される存在ですかね?」

と、よく聞かれる。

もちろん、政治家の汚職がないわけではない。韓国の政治家のなかには日本と同様に汚職したために国民に強く非難され、「ウソつき」呼ばわりされる人もいる。

昨年11月、大統領選挙を前にして、韓国最大財閥の「サムスン」の政治資金不正事件(サムスン餅代《トックカップ》事件=祝祭日前に、職場から支給される特別手当をトックカップという)が暴露され、国民の非難を浴びた。1997年に発足した金大中《キムデジュン》政権は、息子や親族の汚職が暴露された以外にも、韓国4大財閥の一つである「現代」との癒着が明るみに出て、現代グループ会長(鄭夢憲《チョンモンホン》)を自殺に追い込む結末となった。国民がいくら「クリーンな政治」を望んでいるとしても、どの政権でも、政治家やその側近の不正・汚職事件が世間を騒がせている。

汚職事件が相次ぐと、国民は政治に無関心になってもおかしくないところだが、韓国人は

なぜ関心が冷めないのか？

どうやら、韓国の民主主義の歴史がまだ浅いということ、さらに、信じたものにのめり込みやすい韓国人の性格が関係しているように思えてくる。

1972年に戒厳令が施行されて以降、韓国国民が直接選挙で大統領を選べるようになったのは、1987年からだ。国民が政治に直接参加できるようになってまだ20年しかたっておらず、その意味では民主主義の歴史がまだ短い。それまでの軍事独裁政権下では個人が政治的不満を口にすることはできなかったから、政治的不満を意思表示できる機会を大いに活用しているのだ。

軍事独裁政権下で不満を代弁してくれたのは、政治家だった。もともと熱い性格を持つ韓国人だが、政治家は特に熱かった。国会の場で、殴り合いのケンカやおよそ常識的には考えられない言い争いも見られる。ある政治家が口にした、

「お前は石頭なのかい？（韓国では人をバカにする時に、よく使う差別的表現）」

という発言は流行語にまでなった。

仮に汚職事件が発覚したとしても、韓国人は政治家に対する希望を捨てない。希望を捨てるのではなくて、汚職した政治家を弾劾してくれる新たな政治家を強く求め、「政権が変わ

れば、きっと生活も豊かになる。もう少し住みやすくなる」と前向きに考えるようだ。この点が、「どんな政権ができても、代わりばえしない」として投票に行かない人や政治に無関心な無党派層が増えた日本とは違うのだ。

東京・青山にある人気沸騰のイタメシ屋に、日本人の友達と行った時の話だ。傲慢なスタッフの態度に腹を立てた私は、その場で店長を呼んで注意した。ところが、友達から、「スタッフの態度が気に入らなかったら、次回から来なければいいじゃない？　なぜ、この場で、そこまで怒って、（自分と店長の）互いの気を悪くさせるわけ？」と逆に怒られた。友達にしてみれば、「次回から来なければ済む問題」かもしれないが、私にとっては、「次回来るか来ないかの問題ではなく、今の怒りを噴出させなければ気が済まない問題」、つまりは「待てなかった」のだ。

「待てない」という韓国人の性格を端的に説明してくれる、次のような話がある。

《「お嫁に来て2年もたつのに、うちの嫁は子供も産めないわ」と嫁を責める姑》

笑えるかもしれないが、これは冬至（12月22、23日ごろ）に結婚した嫁が、9〜10日後に年が変わって元旦になった途端、せっかちな姑に「まだ、孫が生まれないのか？」とせっつかれたという話だ。２年とは足かけ２年の意味で、わずか10日あまりを２年とカウントするところに、短気な韓国人気質が窺《うかが》えるだろう。

　イタメシ屋の話に戻ろう。言葉を換えれば、韓国人は、文句を言っても変わらないとあきらめるのではなく、自分の一言で、お店の態度を変えさせられるとの希望を持っているのである。韓国人なら、私のこの気持ちや態度を容易に理解してくれるだろう。政治問題も同じだ。「誰がなっても同じだ」「変わらないから投票へ行かない」とあきらめるのではなく、「きっと、私の一票が何かを変えてくれる」と希望を持っている韓国人が日本人より多いのだ。

　国民の政治への希望が多い分、期待される政治家は強気になる。そこに短気な性格も加わって、政治家は「今すぐ韓国を変えられるのは、この私しかいないんだ」となる。「私でないとダメ！」という強い意志を曲げず、現在得ている支持を生かして、すぐに結果を出そうとするために離党したり、無所属になったりすることも少なくないようだ。

　例えば、党内選挙で大統領候補が決まったとしても、負けた側は不服を感じて離党することもしばしばである。１９９７年、ハンナラ党の党内選挙で李會昌《イフエチヤン》氏が大統領候補に決まったが、対立候補の李仁済《イインジエ》氏は離党し、新たな政党を作って大統領選挙に出馬した。結果的に、ハンナラ党の票は分散され、当時、国民会議政党の金大中氏が大統領になった。

この時の教訓を受けて、2007年の大統領選挙からは、「党内選挙を行い、大統領候補者が決定した場合、負けた者は離党して大統領候補選には出馬できない」という法律まで適用された。国会議員や、これから国会議員を目指そうという人のなかには、「チョルセ」（渡り鳥）と呼ばれる政治家もいる。野党から与党へ、あるいは与党から野党へと頻繁に政党を渡り歩く人のことだ。

政党という組織と個人の結束は、日本ほど強くはない。日本では政党が決めた方針に反対だとしても、そのことを公に口にする政治家は非常に少ない。しかし、韓国では、政党が決めた方針に逆らい、メディアやインターネット上のブログで発表する政治家が少なくない。何年か前に、韓国でも「イラク派遣問題」に関して党内意見がまとまらず、個人の意見を尊重する投票となった。

韓国の選挙で一番面白いことは、投票日直前に必ず何らかの疑惑が暴露されることだ。世論調査などで優位になったとしても、最後の最後に疑惑が暴露され、選挙結果を左右することになる。1992年の大統領選挙では、一週間前に野党から盗聴疑惑を暴露されたことで、予想外に金泳三《キムヨンサム》氏が同情票をもらい、当選した。しかし、1997年、2002年の大統領選挙では有力だった李會昌氏が、息子の軍隊免除疑惑と不正政治資金疑惑を書き立てられて負けてしまった。

選挙直前に暴露される疑惑が勝敗を大きく左右する場合が多い。いくら長期間レースで優位に立っても、土壇場で起きる事件が選挙のキーを握ってしまうのだ。それは、韓国人の短気な性格と関係があるのかもしれない。

カリスマ性を強く求める、長期間よりも短期間で政治的成果・実績を求める、対話と妥協で調整する政治を拒む、一貫して原則論（理想論）を強く求める——これらが韓国人にとっての政治家の理想像なのかもしれない。

北韓は「他人ではなく、身内」

「韓国人ってひどくないか？」

「日韓共催したサッカーのワールドカップではあれほど一緒に協力したのに、この間の日本対北朝鮮戦では、韓国人は日本ではなく、北朝鮮を応援していたじゃないか？」

何年か前、サッカーフリークの日本人の友達から言われた言葉だった。

もし、私も日本対北朝鮮戦を見たなら、間違いなく「北韓《ブッカン》（韓国では、北朝鮮をこのように呼ぶ）」を応援しただろう。なぜなら、韓国と北朝鮮は同じ血を引く民族だからだ。

私は「いつから北朝鮮を同じ民族だと思うようになったのだろう？」と自問してみた。

１９７０年代、私の通っていた国民《グックミン》学校《ハッキョウ》（韓国では、１９９５年まで小学校を「国民学校」と呼んだが、植民地時代の名残だということで、１９９６年からは「初等学校」と名称を変えた）では、「反共教育」を受けた。「政治」や「思想」という意味もわからない私たちは、「共産主義がいかに悪いのか」「北韓がいかにひどいことをしたのか」「政治に逆らうと、子供が自分の親まで密告するひどい社会」など、北朝鮮を強く批判する内容を学んだのだ。

当時、毎年6月25日になると、韓国戦争（朝鮮戦争）の記念イベントとして、小学校、中学校、高校では、「反共ポスター美術大会」「反共作文大会」が開かれて、子供たちが描いたポスターには「つぶそう！共産党」「共産党（北朝鮮）と戦おう！」という、今考えれば恐ろしいフレーズが書かれていた。当時、韓国と北朝鮮がいかに対立関係にあったのかが、わかるだろう。

現在30代以上の韓国人なら、「反共少年イ・スンボク」をよく覚えていると思う。１９６８年、江原道《カンウォンド》にある田舎に北朝鮮ゲリラが侵入してきて、一家全員が殺される事件が起きた。９歳だったイ・スンボクは北朝鮮ゲリラに向かって、「共産党が嫌いです」と抗議したところ殺されてしまった。その後、ほとんどの国民学校には彼の銅像が建てられ、「反共教育」のシンボル的な人物となった。こうして、1970年代に国民学校を卒業した私たちは、「反共＝愛国」だと思い込むようになったのだ。

ところが、1980年代から情勢が変わった。北朝鮮との対立関係は緩和されて、南北対話が実現したからだ。韓国戦争で、家族や親族が北と南に分かれて暮らさざるをえなくなった人は100万人にも上った。それが、1985年を境に、離れていた家族が会えるようになった。1993年の金泳三政権から1998年の金大中政権にかけては、さらに進んで同じ民族という立場で対話しようとする関係へと変わった。

「どの同盟も、民族よりも優先されることはない」

1993年、金泳三氏が大統領に就任した際のスピーチだ。北朝鮮との関係を改善しようとする強い意識を見せた。続く金大中政権も、「サンシャイン策《ヘッピョッ》」を打ち出して北朝鮮を改革・開放の道へと誘導しようとする。民間企業の北朝鮮観光開発、北朝鮮経済支援などの政策を推進し、一定の成果を上げた。

韓国に「会社のカネを横領されるなら、他人より身内に横領されたほうがマシだ」という言い方がある。韓国人は血縁にこだわる人々が多いせいか、北朝鮮がいくら国際ルールに反する行為をしたとしても、最後に北朝鮮を守るのは同じ血を引く韓国の役割だと思う人が少なくないようだ。

アメリカで起きた「韓国人留学生の乱射事件」が世界中のメディアの注目を受けたことがあった。その時、韓国人の異常な行動に、外国人は驚いたようだ。誰から指令を受けたわけでもないのに、韓国人は大使館や関係先へアクセスしては、「同じ韓国人として謝罪したい」というメッセージを数多く残したり、アメリカ大使館前で謝罪運動を行ったりしたのだ。どの国でも、自国民が罪を犯したからといって、直接関係のない一般人が一緒に謝罪するという行動はなかなか見られないだろう。それほど、韓国人は「血縁」「民族」意識が強いのだ。

カネ持ちは「非難の対象」

平凡な庶民の生活とはほど遠い「セレブ」の生活ぶりが、世間の話題になることも多い。韓国の庶民からしてみれば、セレブの生活ぶりは「憧れの対象」ではなく、「非難の対象」になる場合が多い。

もちろんセレブのなかにも一生懸命努力して成功した人も少なくないが、韓国人は彼らを

「不動産バブルで大金を手に入れたジョルブ（成金）」、「政治と癒着して財産を増やしてきた財閥一族」、「カネ持ちの家庭に生まれた世間知らずのボンボン」というように、白い目で見ることが多い。実力を認めるのではなく、バックグラウンドにある「学歴」や「親」の力を借りた者として、または「不正」によってカネ持ちになった者として批判的に見られることが少なくないのだ。

１９８８年のソウルオリンピックをきっかけに、韓国は不動産バブルに突入した。当時、私は大学へ入学し、ソウルの親戚の家にお世話になっていたが、私の親は将来のことも考えて、ソウルでマンションを購入しようと考えた。

ところが、値段が高くて迷っていたところ、１９８８年に１６００万ウォン（約１９３万円）だったマンション（16坪）は、１年後に３０００万ウォン（約３６１万円）、２年後に６０００万ウォン（約７２２万円）と値上がりして、結局、縁遠くなってしまった。

１９９７年、韓国を「ＩＭＦ（国際通貨基金。経済危機を韓国では、ＩＭＦと言う）」が襲った。これをきっかけに韓国国内の所得格差、貧富の差はさらに拡大して、大きな社会問題となった。韓国の大手銀行の調査によると、韓国で所得上位５％に含まれる階層は個人金融資産の38％を、所得上位20％の階層は金融資産の71％を所有していた。また、所得上位10

%の階層が持つ不動産資産は全体の90%、さらに、韓国労働省によると、月平均所得の上位10%の人の所得は下位10%の9倍もあった。韓国社会は、まさに「格差社会」となってしまったのだ。

「21億ウォン（約2億5284万円）？ 金粉でも塗ったのかい？」

これは、1999年6月に掲載された、ある新聞の見出しである。

ソウル市内の江南駅に、韓国で初めて坪当たり1000万ウォン（約120万円）を超える分譲マンションが登場したが、21億ウォンとは最上階（107坪）の分譲価格なのだ。当時、ソウルのマンションの分譲価格は高くても坪当たり600万ウォン（約72万2400円）だったが、それをはるかに超えるマンションの登場で、庶民は呆れてはてた。

「坪あたり1億ウォン（約1204万円）」

これは、最近の高級マンションの分譲価格で、ニューヨーク中心街の高級マンションの値段と同じだ。江南盤浦《カンナンバンポ》にある5階建ての古い団地は再開発されることが決まって、当初は6億ウォン（約7224万円）だったマンション価格が2年で18億ウォン（約2億1672万円）に上がった。2005年、正式に再開発が決まった時の分譲価格は、なんと16坪16億ウォン（約1億9264万円）、18坪18億ウォン。私のような庶民には縁遠い話なのだ。

就職して9年目。韓国の田舎出身の私は、今やプラダのスーツを着て、エルメスのカバンからルイ・ヴィトンの手帳を取り出し、モンブランの万年筆を持ってスケジュールをチェックしながら、シャンパンを飲めるようになった。私自身はセレブではないが、私のまわりには、セレブの友達も、貧乏な友達もたくさんいる。一晩の飲み代に500万ウォン（約60万2000円）も払える友達や、2人の夕食代が5万ウォン（約6020円）でも高いと思う友達と遊んでいると、これが本当に同じ韓国で生まれてきた人たちなのかと不思議に思えてくる時がある。ソウルの江南にある街角の文具屋には、「10万ウォン（約1万2040円）の小切手」で買い物をする子供の姿があった。

18世紀、貧困と飢饉でフランスの民衆が食糧難に陥っているときに、王妃マリー・アントワネットは、次のように言い放ったという。

「なんで人々は、パンを食べられないの？」

「パンがないなら、ケーキ（ブリオッシュ）を食べればいいじゃないの？」

王妃の「世間知らず」な言葉は遠い国の話ではなく、まさに現在の韓国でも起きている話なのだ。

アメリカは「美しい国」か?

「Can I help you?（お手伝いしましょうか?）」
「Thank you.（ありがとう）」
「My pleasure.（どういたしまして）」

何年か前、外国の地下鉄の入り口で、乳母車を持って階段を降りようとしていた女性を手伝って私が一緒に運んであげた時に、彼女と交わした短い会話だ。

私は英会話がそれほど得意ではないが、困っている人を見た瞬間、自分でも気づかぬうちに口をついて出てきた。その時、改めて中学1年の担任だった英語の先生に言われた一言を思い出した。

「英語がうまくなりたいと思ったら、まず美国《ミグック》（韓国では、アメリカをこのように呼ぶ）を好きになることだよ」

私はとりたててアメリカが好きでも、嫌いでもない。それほど興味のある国ではない。

一般の韓国人にとって、アメリカとはどんな国なのだろう?

私が子供の頃に教えられたアメリカのイメージは、「韓国を助けてくれた美しい国」「カネ持ちの国」「憧れの国」だった。韓国戦争を経験した韓国人にとって、アメリカは、「数多くの軍隊を派遣してくれて、たくさんの犠牲者を出しながらも、最後まで韓国を助けようとした義理固い国」「民主主義を守ってくれる信頼できる国」だと思われていた。少なくとも1970年代までは、韓国人の中に大きな「反美」(反米)意識はなかったようだ。

ところが、1980年に起きた光州民衆化運動(全羅南道と光州市民が軍事クーデターに反対した運動)をきっかけに、アメリカに対する意識が大きく変わった。

当時の韓国では、クーデターで登場した全斗煥《チョンドゥファン》政権に反対するデモが光州地域を中心に相次いで起きて、政治的に不安定となった。韓国人はアメリカがクーデター政権を追い出して、軍人と戦っていた国民を助けてくれると信じていた。しかし、アメリカは自国の利益と直結する「政局を安定させること」を求めただけで、助けてくれなかった。そのうえ、社会主義との戦いの場として韓国を利用していたことが公文書で知らされ、韓国では反美感情が広がり始めた。

こうした背景があって、反美は、学生運動の一つのイシュー(中心課題)となった。1980年代に大学に通っていた人なら、学生運動に興味がない人でも、校内で「反戦！　反核！　ヤンキー(ヤンキーはアメリカ人をバカにした呼び方)・ゴー・ホーム！」というかけ声を、よく耳にしただろう。

現在でも、韓国とアメリカとの通商会談のような韓国経済と直接関連がある会談の後は、必ずと言ってもいいほど反美感情が高まる。いつも韓国が不利な条件を呑まされるからだ。直接被害を受ける国民、特に農民は政府批判のデモを行って反美の声を上げることも珍しくなかった。

もっとも、政治的、経済的な問題だけで反美感情が高まるわけではない。

例えば、1988年ソウルオリンピックで、こんな事件が起こった。アメリカの水泳選手がソウル市内のホテルのバーの壁にかかっていた装飾物を盗んだうえに、韓国人スタッフに暴行した。この事件で、韓国人の中に反美感情が高まった。直後のロシア対アメリカのバスケットボールゲームでは、韓国人（特に若い世代）は一方的にロシアを応援までしてみせた。2002年の冬のオリンピックでも、スケートのショート・トラック種目でアメリカ選手の反則によって韓国人選手がメダルを逃したことで、韓国中に反美感情が高まった。

反美感情は、韓国の大衆文化へも影響した。1991年に上映された『銀馬将軍は来なかった』のストーリーは、こんな感じである。

《舞台は、韓国戦争の真っ最中の江原道の田舎の村。ある日、兵士がこの町へ入ってきて、主人公の女性を集団で強姦する事件が起きる。事件後、村の人々に白い目で見られる主人公は、自殺もできない。そのうち、村の近くに米軍基地が作られ、主人公はその近くで働く売春婦となる》

「ハロー。ハロー。チョコレート・ギブ・ミ！　ハロー。ハロー。シガレット・ギブ・ミー！」と歌う主人公の姿は、１９７０年代までの「親美」とは違う視点で、アメリカを描いた作品だった。

芸能界で、韓国の大衆文化を大きく変える一つの流れが見えた。英語も流暢で、格好よく、かわいい「アメリカ在住の韓国人2世・3世」が次々と韓国で芸能界デビューしたのだ。それが一つのトレンドとなって、現在でもそのような芸能人は40人以上に上るほどになり、人気者となっている。韓国人の若い世代は、同じ年頃のイケメンが英語を流暢《りゅうちょう》にしゃべる姿に憧れを持った。この頃から、韓国のトレンディードラマには、必ずと言っていいほど、英語のセリフと外国人が登場するようになる。

それでも、アメリカ在住韓国人は褒めたたえられているばかりではない。韓国の男性には兵役義務があるが、

「アメリカ在住韓国人出身の芸能人の中には、兵役を避けるためにアメリカへ移住した人も

いる」

という批判が相次ぎ、韓国の法務省はその調査に乗り出した。スーパースターのユ・スンジュンはアメリカの国籍をとり、韓国の芸能界から姿を消してしまったほどだ。

現在、アメリカ在住の韓国人は200万人にものぼり、韓国から移民する人や留学する人が多い。しかし、アメリカが問題を起こすたびに盛り上がる反美感情、一方では毎年、急増するアメリカへの移民や留学。矛盾する話に聞こえるかもしれないが、これも現在の韓国の姿なのだ。

第8章　世代交代の波は早く

「ミニスカート」から「ソテジ」へ

《愛する父母。父母は私にとてもたくさんのことを願っていた。時には耐えられなかったが、従うしかなかった。やってはいけないことはやらなかったし、行ってはいけないところにも行かなかった。いつもいい子だとほめられていました。それがそんなにうれしかったのですか？　父母の思い通りになると思ったのでしょうか。私の人生は私のもの。私の人生は私のもの。そのまま、私に任してください。私がすべて責任とれますよ》

１９８２年、韓国の音楽番組で4週連続1位となり、メガヒットになると期待された曲が、突然、禁止曲となって消えてしまった。今考えると笑える内容かもしれないが、「思春期の子供を刺激し、親と教師への反発を増幅させる恐れがある」という理由で、禁止となった。当時、若者はしつけの厳しい親や先生の前で、わざとこの曲をかけたり歌ったりして、反発した。それだけに、親を尊敬しなければならないという儒教思想が根強い韓国社会で、親の世代に大きい反感を買ったかもしれない。

１９９０年代に入ると時代も変わり、韓国社会にも大きな変化が見られた。この時代の若者は、１９８８年のソウルオリンピックをきっかけに多様な外国文化を経験し、積極的に新しい文化を取り入れようとした。ちょうどいいタイミングで、韓国の若者に大きな影響を与える人物が現れた。音楽・文化大統領とも呼ばれた「ソテジワアイドル」（ソテジとアイドル）だ。３人グループの彼らは音楽だけではなく、若者の価値観にまで大きな影響を与えたロックミュージシャンだった。

当時、ソテジワアイドルは「ヒップホップ」というジャンルを持って、韓国放送局の新人発掘番組に出演していた。彼らの曲を聴いた審査員は、それまでの韓国音楽との異質感があまりにも大きかったことから、高く評価しなかった。アルバムを出しても、音楽界から「チャレンジ精神は高く評価できる」という曖昧な評価しかされなかった。それは、ラップという音楽ジャンルが韓国文化と合わないという意見が多かったことや、慣れていないラップを評価できる基準がなかったからだ。

ところが、ファーストアルバム『ナンアラヨ』（俺は知っているさ）は、若者の感性を強く刺激した。若者たちは彼らの音楽とファッションの虜《とりこ》になって、彼らのすべてがマネされる対象となった。当時、社会現象とも言えるぐらい、韓国中がソテジブームとなった。韓国歌謡史の中でラップを初めて大衆化した彼らは、若者から強力な支持を得るようになった。その後も、彼らは新しいジャンルの音楽に挑戦し続け、「変化、新しさ、創造」の象徴として1990年代の韓国の大衆文化をリードするパイオニアとなった。

最初のアルバムでは韓国的ラップの基盤を作って、2番目のアルバムでは韓国伝統音楽と歌謡曲をミックスさせた新たなジャンルを紹介した。3番目のアルバムでは、「社会問題」に目を向けたが、韓国の教育や社会をあまりにも強く批判する歌詞だったために禁止曲となったり、歌詞なしのメロディーだけをアルバムにのせられたりする苦労も経験した。

引退直前に出した4番目のアルバムに入った『Come Back Home』という曲を聴いて、家出をしていた青少年の多くが家へと帰ってきたという社会現象まで起きた。若者世代の象徴であった彼らは既存の音楽体系を大きく変え、新たな音楽ジャンルを作り出し、韓国音楽は大きく進歩した。

ところが、1996年1月末、突然の引退を発表した。「社会問題を強く批判したから政治的圧力を受けたのではないか」という噂が流れるほど、彼らの引退は韓国中を揺るがした。

社会現象まで起こしたソテジワアイドルがいなかったら、今の韓国大衆音楽は違う方向へ向かったかもしれない。彼らの音楽がきっかけで、クラブでしか聴けなかったテクノ音楽をはじめ、さまざまなジャンルの音楽がテレビのブラウン管を通じて紹介されるようになり、若者の間では芸能人が憧れの職業にまでなったのだ。

レゲエ風の髪型やピアスをしているソテジの格好は、韓国の男からも共感を持たれ、マネする若者が増えた。しかし、親の世代は彼らの姿があまりにも既存の文化とは違うために、生理的に受け入れられなかったのだ。その結果、親から放送局への抗議が殺到し、レゲエ風髪型やピアスをしている男は出演禁止にまでなった。このように、ソテジなしで１９９０年代の韓国の大衆文化は語れないほど、彼らは若者にとって重要な意味を持った。

ソテジワアイドルの音楽を聴いて成長してきた若者は、「新世代」「ソテジ世代」とも呼ばれた。彼らは、親の世代とはまったく違う、「普段の日常生活で作り出される文化を通じて、個人、集団、社会、国家の関係は変わっていく」という考えも持っていた。それは国家、民族、集団の中にいる自分を捨てて、「私」という存在を重視する考え方で、権威主義にも反対し、自由と平和を好む発想だった。当時、ＴＯＭＢＯＹというアパレルメーカーのコマーシャルで流れた「私は私」というセリフが流行するほど、新世代の考え方は社会的にも大きな反響を呼んだ。

一方の親の世代は、血縁・学縁・地縁など一つの集団の中に自分が存在し、その仲間同士の共存を強く意識していた世代だ。そのせいか、親の世代から、自分が所属している集団から離れて「私は私」という個人主義を訴えた若者は、「他人に配慮ができず、生意気な見栄っ張りだ」と批判されることも少なくなかった。

1960年代後半。ユンボッキという女性歌手がアメリカからソウルの金浦《キンポ》空港のロビーに帰ってきた。ミニスカートの格好で大衆の前に現れた彼女は「女が股を人に見せるなんて!」と強く批判され、生卵まで投げつけられたことは有名な話だ（韓国では有名人の失言や行動を批判する時、生卵を投げつけることが多い）。しかし彼女の影響で、韓国中がミニスカートブームになり、その世代を「ミニスカート世代」と呼ぶほどの勢いがあったことは誰もが知っている。

文化を作り出すのは、芸能人、文化人をはじめとする少数の集団かもしれないが、それを定着させるのは大衆だ。その意味で、ミニスカート世代とソテジ世代は、それぞれ1960年代、1990年代以降に新たな文化を作り出し、今の韓国の大衆文化の土台を作るのに重要な役割を果たしたと言えるだろう。

「ソテジ」から「386」へ

1990年代前半の韓国を象徴するものをソテジワアイドルとするなら、1990年代後半を象徴するものは「386世代」と言えるだろう。1990年代後半になると、「透明さ」と「クリーンさ」が強調され、特に政治的な面で変化が見られた。それをリードしたのが386世代だ。

386世代とは、1990年代に30代で、1960年代に生まれ、1980年代に大学に入学した世代のことだ。政治的・社会的に積極的に活躍して目立ち始めたことで、世間に注目されるようになった。38歳で、1969年生まれ、1988年に大学へ入学した私も、まさにその世代だ。386世代は、以前の世代の古い考え方と違う価値観を持つという意味で「新世代」と共通するものがあるが、就職している成熟した社会人として、経済的にも、政治的にも、重要な立場にいる世代だった。

386世代は、以前の世代に比べて、経済・社会・文化・政治的思想の違いをたくさん持っていた。特に日本の植民地だった時代を経験した1930年代に生まれた親の世代は、儒教思想を強く受けて少年時代を送り、国民の多数が貧困を経験した世代だ。他の世代に比べて人間関係を上下の序列で考え、個人よりも共同体を重視する集団主義、物質的成功より礼儀、仁義、メンツ、人情などの価値を高く評価する精神主義を追求する世代だった。このような意味でも、386世代は以前の世代と価値観が大きく違った。

１９７０年代後半。夜０時にサイレンが鳴ると、当時、悪ガキだった小学生の私は、近所の年頃の友達２～３人と一緒にこっそりと家を抜け出し、街角で警官と隠れん坊遊びをしたことがある。「早く走れ！」「こっちだよ」とかけ声をかけて逃げまわると、警官は「お前ら、またか。つかまえるぞ」と脅して、表の道で家に帰れなかった大人を交番へ連れて行った。これが、「通行禁止法」という当時の韓国の法律だった。３８６世代の小学生・中学生時代の話だ。

当時、学生運動が激しかった。朴正熙《パクジョンヒ》軍事政権に対する反発で、連日デモが起きた。学校が終わり家に帰る途中、市内にはいつも旗を持った若い兄貴たちがマスクをして立っていた。「独裁打倒。独裁打倒」と叫びながら、肩を組んでは連日道路を歩く若者と、それに向かって辛い煙の「チェリュダン（催涙弾）」を発射する警官の騒ぎで、夜は眠れなかった。事情も知らない私は、デモの群れに混じって、応援しながら走った記憶がある。子供の私には、デモがまるで祭りのように感じられたからだ。ところが、ある日、起きたら、当時の朴大統領が暗殺され（１９７９年）、韓国は政治的に不安定となってしまった。

その後、韓国は新たな時代を迎えた。政治がどのようなものかまったく知らなかった私たちの世代は、中学校へと進学が決まった時、二つの歴史的な発表で大喜びしていた。「制服・頭髪自由化」と「通行禁止法の廃止」という発表があったからだ。通行禁止法の廃止は、小学生の頃のように、たまに警官と隠れん坊遊びをする楽しみがなくなったから、そのありがたみがわからなかったが、制服・頭髪自由化は、当時の抑制されていた教育の中で、子供たちに夢を与えてくれた。

１８９８年に学校が設立されて以来、85年目にして初めて制服がなくなり、坊主頭だった髪も３㎝までは伸ばせるようになった。校門の前では、髪の長さをチェックする先輩とチェックされる後輩との間で、「３㎝より長い」「いいえ、短いですよ」と言い合って、いつも神経戦を繰り広げた。思春期を迎えた中学生や高校生にとって、３㎝とはいえ髪を伸ばせるようになり、自分の好きな服を着られるようになったのは、何よりうれしい出来事だった。しかし、当時の社会情勢からみて、親の世代にとって制服・頭髪自由化は相当に不本意な政策に見えたようだ。親は「最近の若い子はだめだよ」と私たちの生活に冷たい視線を送っていた。

このようにして少年期を送った３８６世代は、青年になっていく。１９８０年代後半はまさに自由化のブームで、ソウルオリンピックをきっかけに、韓国社会は外国文化の影響を強く受けながら成長した。「漢江《ハンガン》の奇跡」という言葉が象徴するように、目覚ましい経済発展を遂げた時代に育った386世代は、親の世代とは違って、少なくとも生活が豊かになることについては将来への希望があったが、一方では貧富の格差が表面化し、政治的には、国民が大統領を直接選べず、軍事政権が統治するという辛い経験もした。

1980年代の不動産景気や都市開発などで土地の値段が高騰し、貧富の格差が表面的に現れた。それを象徴する言葉が「江南」と「アプグジョン」だ。再開発された江南とその中心のアプグジョンに住む人々は、庶民とは思えないぐらいゴージャスでセレブな生活を送った。毎晩、派手にカネを使う若者、江南のセレブのお嬢様とおぼっちゃまの象徴である「オレンジ族」(はっきりはしないが、当時、韓国ではオレンジが高価な果物で、このオレンジを片手に車でナンパしていたカネ持ちの子供の姿に由来したと言われている)は社会問題にまでなった。韓国は、ソウルと地方の格差、ソウル市の中でも漢江の北と南の格差は大きく、いくら働いても家計が苦しい庶民にとって、セレブな江南の人々の生活ぶりは憧れというより、憎しみに近い存在だった。1990年代前後から、こうして韓国社会は、本格的に格差社会を迎えるようになった。

ところが、386世代は青年期になってようやく、政治的・経済的な問題や事情を知り、政権に正面から立ち向かい、「大統領は国民が直接選ぶという大統領直接選挙制」を叫びながらデモを全国的に繰り広げた。政府の弾圧で、デモで捕まった学生が拷問されて亡くなったり、民主化を叫びながら自分の体に火をつけて自殺したりすることが相次いで、たくさんの人が犠牲になった。ただし、それをきっかけに1988年に大統領を国民の直接投票で選べる選挙制度ができるという大きな成果が得られ、韓国社会が大きく変わった。その意味でも、386世代は、単純な年齢だけで分けた層ではなく、一定の政治意識を共有する世代でもあった。

このような経験を経て、386世代は韓国社会のいろんな分野で活躍できる30代となって表に現れはじめた。特に1990年代後半から政治家となった386世代の人々は、以前の政治家と違い、不正を好まず、透明な政治を国民に訴えた。今まで黙認されてきた軍隊免除問題など多くの社会問題が取り上げられ、社会全体の不正をなくそうと頑張った。こうして386世代は、今までの腐敗した政治体制を変えられる次世代の新勢力として、世代交代の主役として、国民の支持を受けるようになった。

精神的・文化的自由を訴えた1970〜1980年代生まれのソテジ世代、そして政治的・経済的自由を叶えた386世代。文化と政治といった求めるものは違ったが、自由を摑み取れたという事実に、共通点がある。その意味で、彼らは現代韓国社会を作り上げた主役だったにちがいない。

「Ｐ」から「ワイン」へ

２００２年のワールドカップで、韓国人の変わった姿が注目された。真っ赤なＴシャツを着た人々が全国各地の中心街に集まり、秩序を保ちながら組織的に応援を繰り広げた。それだけではなく、ワールドカップ期間中には、空港、デパート、銀行など、どこに行っても職員全員も真っ赤なＴシャツで、韓国国民が一つとなって応援している姿を見せてくれた。さらに韓国戦のゲーム終了後も、ケンカや器物破損など大きなトラブルもなく、自分の周辺のゴミを拾ってから帰宅する姿まで見せてくれたのだ。

同じ年に実施された大統領選挙。当時、各種世論調査で、与党のハンナラ党の李会昌大統領候補が有力だという見方が強く、選挙の数日前には野党候補が李会昌候補を推薦すると発表し、誰もが李が新しい大統領になるだろうと信じていた。

ところが、この行為が韓国の若者を動かした。野党を強烈に支持していた若い世代、ネティズンが危機感を持ち、インターネットを通じ、「野党へ投票しよう」と呼びかけ、野党候補の盧《ノ》武鉉《ムヒョン》が大統領に当選するという奇跡を作った。

ワールドカップや大統領選挙という大きなイベントの陰で、世論の注目を浴びなかったが、同じ時期に、ソウル郊外で、2人の女子中学生がアメリカ軍の装甲車にひかれて死んだ事件が起きた。某インターネット新聞記者が彼女たちの死を追悼しようとインターネットを通じてロウソクデモを提案したところ、それが広がり、全国で500万人が参加して、亡くなった女子中学生を追悼し、その犯人に刑を下すことを要求する無言の大規模なロウソクデモへと発展した。はじめは単純な追慕集会の性格が強かったが、アメリカが事故責任者に対して無罪判決を下したことで反米運動につながり、外交的摩擦も起きた。しかしそのデモは既存の韓国の暴力的なデモとは違って、平和的デモだったために国民的な支持を受けた。そのデモのやり方は以後、韓国の代表的なデモ文化として定着した。

赤いTシャツを着てワールドカップを応援した人、インターネットを通じて大統領選挙を応援した人、ロウソクに火をつけ平和的に抗議をした人は、今までイメージしていた韓国人の姿とは違うものだった。その中心的存在がP世代だ。P世代とは、17〜39歳の年齢層を指す。大手広告代理店によって提案された言葉で、参加（Participation）、熱情（Passion）、パワー（Potential Power）、パラダイム（Paradigm）の4つの語の頭文字に由来する。

韓国社会の新たな力としてP世代が中心となった背景には、まず民主主義が定着したことがあった。ようやく、投票を通じて国民の意思が政府へ伝わるようになった。以前に比べて政治に参加する機会も増え、国民の政治に対する影響力も大きくなった。韓国人も以前に比べて、自由奔放な考え方を持って表現できるようになった。海外旅行の自由化や韓国の経済危機以降に、外国社会や文化に触れ合う機会が増え、グローバルな考え方を受け入れられるようになった。また、アナログ時代から、インターネットや携帯によって多様なコミュニケーションと情報が中心となる時代へとライフスタイルが変わった。

自分でも社会を変えられるという確信を持ったP世代は、積極的に自己表現し、インターネットを通じて、いろんな形の人間関係を作る新たな文化を作り出した。P世代は、平均2つ以上のインターネット上のコミュニティに参加し、メール、チャット、掲示板などを重要なコミュニケーション手段として使うのも特徴だ。

「2050年になると、韓国は世界で一番お年寄りの多い国になるだろう」

ある韓国の新聞に載った記事の見出しだ。2050年には80歳以上の高齢人口の割合は14・5%と先進国の平均（9・4%）を大きく上回ると予想されている。今後の高齢化社会に向けて、韓国政府はさまざまな政策を考えているが、今、韓国社会の中で一番活躍している386世代やP世代とリタイアしたシルバー世代に挟まれた「ワイン世代」が注目されるようになった。ワイン世代は現在45～64歳。386世代やP世代の父母世代だ。「Well」「Integrated」「New, Elder」の頭文字を取ったワイン世代は、日本の植民地時代と韓国戦争の中で生まれて、「ボリッゴゲ（麦の峠）」（昔、庶民の食糧は麦だったが、麦が収穫できない5～6月に、食べるものがなくて苦労していた時期という意味）という貧困の中で成長し、朴軍事政権下で青年期を迎え、韓国経済発展のために頑張ったが、一番働き盛りの中年期には経済危機の影響を受け、老後に対する不安を抱えながら、最近の急激な社会変化に衝撃を受けている、文化・社会的過渡期の中・高年世代だ。

最近、日本でも団塊世代が注目されるようになったが、今、韓国社会ではワイン世代の動向が非常に注目されている。異質的文化をリードする若い世代の子供を育て、彼ら自身のライフスタイルも変わりつつあるからだ。父親中心だった昔の家庭は母親中心へ、子供と一緒に生活する家族中心の家庭から夫婦中心の家庭へと大きく変化した。

「10年という時間が経つと、川と山が変わる」

時の流れが速いという韓国のことわざだ。1960年代をリードしたミニスカート世代。1990年代をリードしたソテジ世代と386世代。2000年代をリードするP世代とワイン世代。次は、どのような世代が韓国社会を変えてゆくのか楽しみだ。

あとがき

2年前、韓国で『私の日本人探検記』という本を出版する機会をもらった。私の経験を通じて、韓国人に身近な日本を理解してもらおうという企画だった。そして今度は、日本人に、「私が今まで出会った日本と韓国の友達、知り合いを通じて、身近な韓国を紹介する」役目が残されていたことに気づいた。私には韓国人に日本の文化を、日本人に韓国の文化を理解させる使命がある。私が学問を志す学者であるからだ。

この本の内容のほとんどは、私が出会った日本人と韓国人を通じて経験したことだ。彼らに出会わなかったら、この本は出版できなかっただろう。心からお礼を言いたい。ワールドカップでイタリアに勝って号泣した私の家に、鳴りっぱなしになるぐらいの電話をかけてくれたのは日本人の親友だった。トクド（竹島）問題で韓国と日本との関係が悪化していて落ち込んでいた時に、心配してくれたり、勇気づけてくれたりしたのも日本人の友達だった。

これからは、韓国人と日本人は宿敵の関係を越えて、仲よくケンカできる近所付き合いの関係に変わるべきだ。この本が、日本人読者にとってうまく韓国人と付き合うためのバイブルとして役に立てれば幸いに思う。最後に、今まで私を育て、日本での留学を温かく見守ってくれた母と父に心から感謝の言葉を贈りたい。

２００７年11月５日

太宰府で食べた饅頭の味と鹿児島の奥野先生を思い出しながら

朴 倧玄

1969年、韓国慶尚北道・義興に生まれる。釜山育ち。法政大学経済学部教授。専門は、人文地理、都市地理、都市システム論、韓日大衆文化比較論。東京大学大学院理学系研究科修士課程、同博士課程で地理学を専攻。博士(理学)。1999年に大東文化大学国際関係学部専任講師・助教授、法政大学経済学部准教授となり、2008年4月より現職。2001年から、男性雑誌『GQコリア』(韓国)のコラムで、韓日の大衆文化の比較をテーマに執筆活動中。

著書には『東アジアの企業・都市ネットワーク』『韓日企業のアジア進出からみたアジアの国際的都市システム』(以上、古今書院)などがあり、ほかに韓国・シゴン社より日本での体験を綴った本も出版している。

講談社＋α新書 382-1 C

韓国人《かんこくじん》を愛《あい》せますか?

朴《パク》 倧玄《チョンヒョン》

2008年 1 月20日第1刷発行
2010年 2 月18日第6刷発行

発行者——— 鈴木 哲
発行所——— 株式会社 講談社
東京都文京区音羽2-12-21 〒112-8001
電話 出版部(03)5395-3532
販売部(03)5395-5817
業務部(03)5395-3615
デザイン——— 鈴木成一デザイン室
カバー印刷——— 共同印刷株式会社
印刷——— 慶昌堂印刷株式会社
製本——— 牧製本印刷株式会社
本文データ制作——— 講談社プリプレス管理部

落丁本・乱丁本は購入書店名を明記のうえ、小社業務部あてにお送りください。

送料は小社負担にてお取り替えします。

なお、この本の内容についてのお問い合わせは生活文化第三出版部あてにお願いいたします。

Printed in Japan ISBN978-4-06-272480-7 定価はカバーに表示してあります。

講談社＋α新書

食養生読本　中国三千年奶奶《ナイナイ》の知恵
パン・ウェイ
中国に伝わる「医食同源」の考え方にそって、季節ごとに何をどう食べたら健康になるか紹介
800円 359-1 B

蚊が脳梗塞を治す！　昆虫能力の驚異
長島孝行
医・衣・食・住、これからの人類、地球は昆虫の力が守ってくれる。目からウロコの驚異の世界！
800円 360-1 C

自分のDNA気質を知れば人生が科学的に変わる
宗像恒次
新発見！　遺伝子に裏づけされた「本当の自分」を見つけることで真の幸福を手に入れられる！
800円 361-1 A

金持ちいじめは国を滅ぼす
三原淳雄
「金持ち優遇はけしからん」は正しいのか!?経済のご意見番が、ノー天気ニッポン人に活!!
800円 362-1 C

時代劇の色気
島野功緒
水戸黄門、大奥、忠臣蔵、鬼平、新撰組。時代劇の王道をエピソードたっぷりに斬りまくる！
800円 363-1 D

なぜ若者は「半径1m以内」で生活したがるのか？
岸本裕紀子
コンビニ、ケータイで完結する若者と、これからの競争社会はどんな化学反応を起こすのか？
800円 364-1 C

朝、出勤前に月30万円稼ぐ！「商品トレード」超投資術
福永晶
あのジム・ロジャーズが推奨する商品トレードでサラリーマンが大儲け。驚異のノウハウ公開
800円 366-1 C

自治体倒産時代
樺嶋秀吉
北海道夕張市では人工透析すら受けられない。住民の命も奪いかねない財政破綻が連発する！
800円 367-1 C

医療的育毛革命
佐藤明男
飲む育毛剤で男性型脱毛症の99%が改善！　五千人の治験者が実証した最前線治療を詳細に解説
800円 368-1 B

浮動票の時代
長島一由
最新の選挙必勝戦術とは？　最強の政治改革術とは？　そして今、有権者はどう行動すべきか
800円 369-1 C

家計崩壊　「見えないインフレ」時代を生きる知恵
深野康彦
40代以下は誰も金利・物価上昇の怖さを知らない。食卓を直撃した一斉値上げに隠された真実
800円 370-1 C

表示価格はすべて本体価格（税別）です。本体価格は変更することがあります

講談社＋α新書

理不尽な気象　森田正光
観測史上最高気温を記録した猛暑、平安時代以来の暖冬……地球温暖化との関係を詳細解説！
800円 371-1 C

江戸秘伝　職養道のすすめ　佐藤六龍
儲けるためなら手段を選ばず、嘘やハッタリも駆使する過激なビジネス指南書を本邦初公開！
800円 372-1 C

夫婦って何？「おふたり様」の老後　三田誠広
居間で一日中ゴロゴロして食事を待つ夫は妻を絶望に追いやる。あと20年幸福に暮らす知恵！
800円 373-1 A

長男・長女はなぜ神経質でアレルギーなのか　逢坂文夫
母親の体内の化学物質が第一子の性質を作る！マンション・住宅業界が騒然となること必至!!
800円 374-1 B

生命保険の「罠」　後田亨
保険の宣伝コピーはどこまで信じられる……!? 元大手生保の営業マンが業界の裏側を大告白！
800円 375-1 C

犬は自分で生き方を決められない　Deco
「犬は一生3歳児」「かかるお金は200万円」知っていそうで知らない犬の新常識・新マナー
800円 376-1 C

「強い心」を作る技術　岡本正善
メンタルトレーニングの第一人者が、逆境に負けないタフな心を磨く極意を親子に実践伝授！
800円 377-1 C

武道vs.物理学　保江邦夫
三船久蔵十段の「空気投げ」からグレイシー柔術の隠し技まで武道の奥義に科学のメスを入れる
800円 378-1 C

腸内リセット健康法　松生恒夫
大腸ガン、便秘、メタボリック、アレルギーに克《か》つ！　1週間でできる「健康な腸」づくり!!
800円 379-1 B

京都・同和「裏」行政　現役市会議員が見た「虚構」と「真実」　村山祥栄
終結したはずの同和事業の闇に敢然と立ち向かった若手市議がタブーの現場で見た実態とは？
800円 380-1 C

江戸の歴史は大正時代にねじ曲げられた　サムライと庶民365日の真実　古川愛哲
時代劇で見る江戸の町と暮らしは嘘ばっかり!! 武士も町人も不倫三昧、斬捨御免も金で解決！
800円 381-1 C

表示価格はすべて本体価格（税別）です。本体価格は変更することがあります

講談社+α新書

韓国人を愛せますか？
朴《パク》 倧玄《チョンヒョン》
「近くて遠い」韓国と日本の距離は縮まったのか？ 韓流「友情・愛情・セックス観」を知ろう
800円
382-1
C

肝臓病の「常識」を疑え！
世界的権威が説く肝臓メンテナンス法
高山忠利
酒の飲み過ぎ→肝炎→肝硬変→肝がんは古い常識。正しい知識があれば、肝臓病は怖くない！
800円
383-1
B

表示価格はすべて本体価格（税別）です。本体価格は変更することがあります